Lettres à mes morts

Collection *Christus* « Repères spirituels »
dirigée par Yves Roullière

Dans la même collection :

Marie-Thérèse Abgrall, *Vers la source vive. Comme un ami parle à son ami,* 2007.

René-Claude Baud, *Ce qui remonte de l'ombre. Itinéraire d'un soignant*, 2006.

Claire-Anne Baudin, *Le soin du monde. Accompagner la vie des autres*, 2008.

Maurice Bellet, *Passer par le feu. Les années Christus (1965-1985)*, 2003.

Maurice Giuliani, *L'accueil du temps qui vient. Études sur saint Ignace de Loyola*, 2003.

Marie-Amélie Le Bourgeois, *Saisis par Dieu. Petit traité spirituel,* 2005.

Françoise Le Corre, *Le centre de gravité. Méditations sur la foi et la culture contemporaine*, 2004.

Jean-Pierre Lemaire, *Marcher dans la neige. Un parcours en poésie*, 2008.

Robert Scholtus, *Petit christianisme d'insolence*, 2004.

Robert Scholtus, *Petit christianisme de tradition*, 2006.

Albert Vanhoye, *Le don du Christ. Lecture spirituelle*, 2005.

« Spiritualité et politique »

Robert Scholtus, *Faut-il lâcher prise ? Splendeurs et misères de l'abandon spirituel*, 2008.

Paul Valadier, *Du spirituel en politique*, 2008.

Annie Wellens, *Qui a peur de la Bible ? Un manuscrit retrouvé*, 2008.

ROBERT SCHOLTUS

Lettres à mes morts

Bayard

Du même auteur :

Les sacrements, source de vie, Desclée de Brouwer, 1990.
Le monde commence à tout instant, Cerf, 1998.
La traversée des apparences, Cerf, t. I, 1997 ; t. II, 2001.
Petit christianisme d'insolence, Bayard, 2004.
Petit christianisme de tradition, Bayard, 2006.
Faut-il lâcher prise ? Splendeurs et misères de l'abandon spirituel, Bayard, 2008.

18, rue Barbès, 92128 Montrouge Cedex
ISBN : 978-2-227-47816-9

Avertissement

D'avoir béni tant de sépultures a donné au prêtre que je suis un certain entregent dans le commerce avec les morts des autres. Vous me permettrez aujourd'hui de m'occuper un peu des miens. Longtemps j'ai gardé en souffrance ces lettres qui leur sont destinées. Il serait plus exact de dire que ce sont elles qui ont gardé pieusement ma souffrance, ce point de douleur si intime, si précieux, dont je ne veux pas me débarrasser, ce *point de côté* qui me vient d'un inflexible refus de consolation.

Je craignais, en rendant publiques ces « lettres à mes morts », d'aller au-devant des pires contresens. Je le crains toujours. Car je vous entends déjà me féliciter de m'être soumis à ce que Philippe Forest a appelé « les travaux forcés du deuil ». Allons donc, croyez-vous qu'on écrit aux morts pour se consoler de leur absence et mieux consentir à leur silence ? C'est au contraire pour raviver le sentiment de la perte, pour s'insurger contre l'inéluctable, pour opposer à l'oubli le chant obstiné de la mélancolie, cette indicible douleur au regard de laquelle tout paraît risible et vain. On ne parle aux morts que pour entendre ce qu'ils ont encore à nous dire d'un passé qui attend sa rédemption, le nôtre autant que le leur.

Vous me reprocherez, à n'en pas douter, de me complaire au royaume des morts et de me laisser aller au lyrisme du souvenir, moi qui me suis fait une réputation d'insolence. Ceux qui ne veulent pas voir que le rire est le plus proche parent de l'angoisse m'en voudront de désobéir à l'actuelle consigne d'euphorie générale, de casser l'ambiance en somme. Et vous penserez, sans me le dire, que ces lettres n'auront été qu'un prétexte à parler de moi. Comme s'il pouvait en être autrement : une lettre est faite pour donner de ses nouvelles et parler à son destinataire du pays qu'il a quitté.

Les experts de la chose écrite me diront que tout cela est bien trop intime, trop personnel, trop subjectif pour intéresser qui que ce soit. Ils préféreraient voir « mes » morts disparaître dans l'idée de mort. Mais la mort justement n'existe pas. N'existent que des morts singuliers, uniques, irremplaçables. Sinon, quel sens y aurait-il à croire en la résurrection, sauf à la réduire à l'idée de vie ? La mort, à proprement parler, ne s'expérimente qu'à la deuxième personne, elle ne se montre qu'en faisant événement dans la mort du proche, quand c'est l'inconsolable qui pleure l'irremplaçable, selon la belle formule de Jankélévitch.

Pour éviter tout malentendu, je sais qu'il aurait mieux valu que j'abandonne ces missives au sommeil des limbes. Mais je sais aussi qu'elles ne parviendront jamais à leurs destinataires si je ne les donne pas à lire, si, comme on jette une bouteille à la mer, je ne brave pas l'indifférence béante du monde, dans l'espoir que la mémoire de ceux que j'ai aimés soit recueillie par d'autres, par vous, ne serait-ce qu'un instant. J., que j'ai laissé regarder par-dessus mon épaule pendant que j'écrivais ces lettres, m'a dit la seule chose que je voulais entendre : « J'ai rencontré ta sœur et j'en suis bouleversé. »

Elle s'appelait Claire. Elle était lumineuse comme son prénom. Elle s'est suicidée au plein midi d'un jour d'été, à la veille de ses vingt ans. La lettre que je lui adresse aujourd'hui n'est que le post-scriptum de celle que dans les mois qui suivirent je lui avais écrite pour m'arracher à mon hébètement. Il aura fallu en passer par là pour que j'ose rompre le silence dans lequel j'avais enfoui le souvenir de mon père et celui d'une enfance pour laquelle je n'avais jusqu'alors nourri aucune affection particulière. Claire m'a entraîné dans les régions oubliées du passé où s'est tramé mon destin et où j'ai accumulé tant de dettes.

Ces « lettres à mes morts » sont une reconnaissance de dette, la seule chose dont nous puissions faire hériter ceux auxquels nous avons survécu.

À Claire qui aura toujours vingt ans

Vingt ans ont passé, mais tu auras toujours vingt ans, « vingt ans pour l'éternité, devant l'Éternel. Qu'il existe ou non, l'Éternel ce sera toujours cet enfant-là » (Marguerite Duras, si douloureuse). Cette phrase, je l'ai recopiée dans mon carnet le jour où Fabrice s'est suicidé, dix ans après toi. Il avait ton âge. Il était mon élève quand tu es morte. Quelques années plus tard, il était devenu prêtre et exerçait son ministère là même où j'avais commencé le mien. Un jour, on l'a trouvé asphyxié dans sa voiture au fond d'un garage qui avait été le mien. Fabrice n'était que sourire, comme toi.

Je viens de relire cette lettre que j'avais écrite quelques mois après ta mort dans mes nuits d'insomnie et de larmes. Je ne l'avais donnée à lire qu'à de rares amis, pour regretter ensuite d'avoir fait peser sur eux le poids de ma douleur. Était-ce pour m'en délivrer ou pour attirer sur moi l'excès de leur compassion ? Je réalise aujourd'hui que mon pathos a dû submerger les paroles qu'ils auraient pu encore me dire. Seule A. m'a dit avoir, dans mes mots, retrouvé avec joie cette douleur qui lui parlait de toi. Je m'en suis voulu de m'être en quelque sorte approprié ta mort, d'en avoir fait ma souffrance à moi, comme pour oublier ce qu'avait été la tienne.

Il n'aurait pas fallu que je lise et relise jusqu'à m'en vriller le cœur les dernières phrases que tu avais écrites sur des feuillets épars, ces poèmes insupportables de violence et de sentiments injustifiés d'indignité, de honte, d'échec. Et cette page arrachée à un cahier, couverte d'une litanie de « Je me déteste » qui au bout de quelques lignes se transforment en « Je me déleste ». Ce que tu fis en te jetant du sixième étage de l'immeuble voisin.

Maintenant que le temps a passé, j'en ai fini de griffer ma blessure. Le souvenir intact de ton visage ne me parle plus de ta mort mais de l'émerveillement que fut ta naissance pour l'adolescent de quatorze ans que j'étais. Je l'ai apprise au téléphone dans une pension de famille du côté d'Aix-la-Chapelle où notre père nous avait expédiés, mes sœurs et moi, pour le temps où maman serait à la maternité. C'était à la fin du mois d'août, quelques semaines avant la rentrée des classes. Comme j'étais toujours pensionnaire au Petit Séminaire, il m'a fallu attendre les congés scolaires pour t'apprivoiser. Rapidement j'ai su te baigner et te langer. Je pilotais ton landau comme une Formule 1. Dès que tu as su marcher, pour toi j'ai inventé les jeux les plus excentriques. Et dès que tu as su parler, je t'ai appris des mots latins qui te faisaient rire quand tu les prononçais. Plus tard, quand il m'arrivait d'être là pendant l'année scolaire, à l'heure où tu enfilais ton manteau pour partir à l'école, depuis ma chambre je t'entendais chanter à cent à l'heure une prière du matin qu'on avait dû t'apprendre au catéchisme :

Bonjour, Jésus, voici mon cœur
en ce jour qui se lè-è-è-ve.
Garde-moi bien de tout malheur
et pense à ceux qui m'ai-ai-aiment.

Tu étais belle, blonde comme les blés, tu faisais notre fierté à tous. Mes copains n'en revenaient pas que je puisse avoir une si petite sœur. Et papa faisait semblant d'être vexé qu'on ait pu le prendre pour ton grand-père, les jours où il t'emmenait dans ses tournées. Quand j'ai célébré ma première messe, tu allais avoir dix ans. Je te revois dans ton petit tailleur de première communiante, chantant d'une voix pure, et toujours à cent à l'heure, les couplets d'un *Gloria* très jazzy, comme on en composait en ce temps-là. Je ne pouvais pas m'imaginer qu'un jour, pour ce qui allait être ton dernier Noël, je te demanderais de chanter devant une église pleine de gens venus se refaire une âme à bon compte *La Vierge au pressentiment* :

Ô mon enfant, je t'ai donné un corps de chair.
Dis-moi, qu'en feras-tu ? Ô mon petit enfant !

Et toi, pouvais-tu savoir qu'un jour allait venir où maman te parlerait avec les mêmes mots du fond de son chagrin ? J'ai encore dans l'oreille ta voix que j'aimais tant, vibrante d'émotion, sans apprêt, transparente comme ta peau. Déjà, lors d'une veillée de Noël, tu avais chanté la *Ballade pour un enfant à naître*. Et je me prends à penser à l'enfant que tu n'auras jamais eu, à la maternité qui aurait épanoui la beauté de ton corps.

Des années qui suivent, je n'ai guère de souvenirs. Notre complicité s'est éteinte jusqu'à ce que je te retrouve, alors que tu étais au lycée voisin. Tu t'étais adjointe à un groupe de jeunes que je réunissais régulièrement. Je veillais à ne jamais te traiter avec la condescendance d'un grand frère. Et toi, tu cherchais à maintenir la distance, dissimulant en ma présence tes états d'âme derrière une maturité d'emprunt. Mais, je peux le dire aujourd'hui, j'étais à cette époque comme subjugué par ta réussite scolaire, fier de te voir entrer en hypokhâgne, intimidé par ton sérieux, admiratif de tes talents multiples, ému par ta sensibilité. Jusqu'à ce petit matin où tu as débarqué à l'improviste pour tout ensemble m'accabler de reproches, m'appeler au secours et t'effondrer en larmes. Je n'avais rien vu, rien compris de ton tourment. Mais je crois plutôt que tu m'en voulais d'avoir trop bien vu, trop bien compris et de t'avoir trop violemment fait comprendre dans quelle inextricable dépendance te maintenaient certains de tes amis qui avaient capté l'affection admiratrice que tu leur portais, et d'autres qui t'avaient contaminée de leur mal-être et entraînée dans leur folie. Profitant de l'attention toute dévouée que tu leur portais, ils étaient en train de te vampiriser. Depuis lors, je n'ai cessé de contenir ma haine pour ces êtres qui, en s'agrippant aux autres, n'ont de cesse de les déséquilibrer pour mieux les dominer. À tant admirer les autres, à tant les aimer jusque dans leur délire, tu avais fini par attendre d'eux l'amour dont tu ne t'aimais plus.

Et puis, il y eut ces dernières semaines où déjà tu n'étais plus des nôtres, cachée dans ton sourire, murée dans ton silence. Imprudemment, j'étais parti en vacances sans laisser d'adresse, avec pourtant l'obscur sentiment que je ne te reverrais pas, à cause d'une parole prémonitoire de P. que, sur le moment, j'avais fait semblant de prendre à la légère. À mon retour, tout était consommé. La vue de ton corps disloqué au bas d'un immeuble hideux, les rituels de l'adieu que je n'aurais pas supportés, ta mise en terre, tout me fut épargné, hormis la honte d'avoir laissé maman et nos sœurs seules dans leur désarroi.

Comme j'avais été empêché de prendre congé de toi, j'ai longtemps rêvé que nous allions pouvoir effacer les malentendus, tout reprendre à zéro, dans une nouvelle connivence, partager nos secrets, nos projets, nos poèmes. Enfin, je saurais tout de tes amours, tu me ferais connaître tes nouveaux amis, je te ferais rencontrer les miens. Nous partirions sur les traces de Rimbaud en

Abyssinie, je t'initierais au baroque à Rome, à Prague, j'assisterais à tes répétitions de théâtre, je te regarderais prendre ton envol vers des rivages inconnus, je baptiserais ton premier enfant, quelquefois nous regarderions les photos de nos sorties d'autrefois au pied de la Meije ou sur les pentes du mont Jovet. Mais j'aurais depuis longtemps brûlé celles de Cracovie prises quinze jours avant ta mort. Tes lunettes de star ne suffisaient déjà plus à cacher l'insondable tristesse de ton sourire.

Passe quelquefois sous notre maison,
aie une pensée pour le temps
où nous étions tous ensemble.
Mais ne t'arrête pas trop longtemps.
(Mario Luzi)

Car je n'ai pas la nostalgie d'un passé que le chagrin voudrait me faire reconstruire. J'ai la nostalgie d'un avenir que nous ne connaîtrons jamais sur cette terre où je te survis. Je crois bêtement au monde à venir que nous a appris notre catéchisme. J'y crois sans image, sans représentation, sans description, sans affect. Je crois en la vie éternelle aussi évidente que ton nom est ineffaçable. Je n'y crois pas par conjuration. C'est un défi que je lance au néant qui t'a engloutie. J'y crois au nom de Jésus, le disparu de Pâques. Tu t'es donné la mort, il t'a donné sa vie plus forte que toute mort. Je crois en cet échange merveilleux. Je crois qu'en te jetant dans l'abîme, c'est le fond inépuisable de la miséricorde que tu as touché. Claire, je n'ai pas su retenir ta chute, mais je voudrais au moins te soustraire au jugement des imbéciles qui n'ont rien compris, ni à la souffrance humaine ni à la plus haute tendresse. Que peuvent-ils savoir des « blancs palais de la mémoire / La mémoire de Dieu, pays où sans cesse on échoit / Ces contrées étranges où il se donne à voir / Ce rafraîchissement au fort parfum de l'enfance » ?

Ainsi se terminait le *Tombeau de Claire* qu'avait inspiré à J.-L. une magnifique photo-souvenir de toi, « ce douloureux visage d'or, de vermeil / où le regard s'affole et se tourne en lui-même ». En ces palais, nous serons accueillis par les enfants perdus de la terre, les soldats vaincus des sordides batailles humaines, les voyants dont le grand soleil a brûlé les yeux.

En mettant fin à tes jours, tu as donné un nouveau commencement à ma vie. Désormais, rien de plus grave et donc plus rien de grave ne pourra m'arriver. Aux ravages de la tristesse a succédé la mélancolie, cette douce maladie qui vous donne la force de supporter toutes les autres et vous fait sourire d'indifférence devant tout ce que le monde contient de faux-semblants, de faux sérieux, de faux problèmes, de faux prophètes.

À mon père

De n’avoir pas supporté la tienne, Claire se serait donné la mort, m’expliquait-on. Ce dont je suis sûr, c’est que tu ne te serais jamais relevé de ton chagrin si tu avais dû subir pareille épreuve. Tu es mort un an après avoir pris ta retraite. Tout est allé très vite, tu as été pris d’une vilaine toux, le diagnostic était sans appel, il fallait t’enlever un poumon. Tu es entré à l’hôpital en prenant soin d’emporter un paquet de gitanes. L’opération s’est bien passée, mais quand je suis venu te voir à l’hôpital, assis sur ton lit, le souffle court, tu m’as murmuré à l’oreille le chant de l’absoute : « Sur le seuil de sa maison, notre Père t’attend. » Le lendemain, un coup de téléphone de Christine m’apprenait que tu étais mort d’un arrêt cardiaque. Tout est allé très vite. De tes funérailles, je ne me souviens que des versets d’Évangile proclamés par le curé de la paroisse : « Heureux ces serviteurs que le maître à son arrivée trouvera en train de veiller. En vérité, je vous le déclare, il prendra sa tenue de travail, les fera mettre à table et passera pour les servir. »

Je te revoyais avec mes yeux d'enfant, revêtu du grand tablier bleu que tu portais quand tu préparais le déjeuner dominical. C'était une sorte de tablier de jardinier qui allongeait ton imposante silhouette et te faisait ressembler à la seule image que j'ai gardée de ton père. Je n'ai pas pu réprimer mes sanglots, et je crois bien que c'est depuis ce jour que j'ai la larme si facile, comme si en mourant tu m'avais légué l'extrême sensibilité que tu avais tant de mal à dissimuler sous ta rudesse paysanne et tes traits autoritaires. Te souviens-tu du torrent de larmes que tu as versé le jour de ma première messe, quand je t'ai imposé les mains pour te bénir, comme le veut la coutume ? Je savais que ce moment arriverait, moi qui avais si souvent surpris ton regard embué par l'émotion devant la beauté du monde et par la compassion devant la détresse humaine. Tes larmes disaient à profusion ce dont tes mots étaient incapables. D'ailleurs, m'as-tu jamais vraiment parlé ? Je te ressemble trop pour t'en faire grief. Adolescent, je percevais ta maladresse quand il s'agissait d'entrer en communication, ta difficulté à nouer le dialogue avec le gamin têtu que j'étais et qui n'était guère disposé à faire le premier pas. Je m'en suis accommodé, tout comme j'ai appris à laisser passer tes coups de gueule sans me laisser trop facilement séduire par les coups à boire auxquels tu m'invitais pour une réconciliation tacite. J'ai eu la sagesse de ne jamais m'opposer à toi frontalement, si ce n'est, à certaines périodes, par un mutisme plus résistant que le tien. Tu pouvais bien m'imposer ta loi, mais tu n'avais aucune prise sur le monde inaccessible de mes pensées et de mes rêves dont j'avais fait mon refuge, protégé de livres qui t'étaient étrangers.

Pour autant, tu n'as jamais tourné en dérision le petit intellectuel que je jouais à être. Mais il m'a fallu d'abord te donner la preuve que je ne renâclais pas au travail manuel, que je n'étais pas manchot, que je savais manier un outil. Je t'ai fait des concessions. J'acceptais pendant les vacances de t'accompagner dans tes tournées ou d'être embauché comme manutentionnaire. C'était l'époque où tu travaillais chez un grossiste en jouets. Il y eut aussi toute cette période où nous avons ensemble clôturé et débroussaillé la forêt que ton patron avait mise à ta disposition. C'est ainsi que jusqu'à ta mort nous avons pu bénéficier du chalet qu'il y avait fait construire. Je garde la nostalgie de ces dimanches d'été que nous passions tous ensemble dans cette forêt de chênes. Nous nous étions inventé une vie sauvage, loin de la ville, que nous passions à guetter le passage des cerfs et à nous blottir autour de la cheminée.

Tout au long de ces années, je me suis employé à te prouver que j'étais un homme. J'en ai reçu la confirmation le jour où pour la première fois tu m'as offert une cigarette. Ton geste m'a sorti de la clandestinité, puisque je fumais en cachette depuis bien longtemps. Aujourd'hui, « fumer tue ». On ne voulait pas le savoir en ce temps-là où la cigarette était une marque de virilité, une preuve d'émancipation. Fumer t'a tué, je le sais bien, mais je continue à tenir de toi une profonde détestation pour cette société hygiéniste qui cherche à m'interdire les plaisirs que j'ai eu tant de bonheur à partager avec toi. Nous n'avons jamais fait copain-copain tous les deux, c'est le moins qu'on puisse dire, mais nous avons réussi avec le temps à nouer une complicité de mâles autour des plats de cochonaille ou de crustacés que tu préparais à mon intention quand je rentrais du Séminaire ou que je venais déjeuner avec mes amis. Tu n'étais pas commerçant pour rien : il te fallait une clientèle, un auditoire, des convives. Tu m'étais reconnaissant d'élargir le cercle familial, et ma plus grande joie aura été que tu sois devenu l'ami de mes amis. J'avais ainsi l'assurance que je n'étais plus seulement ton fils, mais ton frère, ton égal.

C'est à ce titre que je t'écris aujourd'hui. Je n'ai pas de comptes à régler avec toi. Je ne te ferai pas le coup de Kafka qui, dans la terrible lettre qu'en définitive il n'eut pas le courage de lui envoyer, reproche à son père de ne lui avoir transmis du judaïsme qu'une parodie, « une farce, pas même une farce », écrit-il. Ce n'est pas moi qui ferai peser sur toi pareille accusation. Tu m'as enseigné un catholicisme sain et juste, sans complaisance et sans contorsion, un « christianisme peuple », aurait dit Péguy, droit et fidèle. Tu m'as fait hériter de ta foi, et je n'ai pas honte de dire qu'en devenant prêtre j'ai exaucé ton désir le plus secret.

C'est ce désir qu'un moment tu as cru brisé à jamais quand, l'année de mon bac, je fus renvoyé du Petit Séminaire. Tu t'imaginais qu'après un tel incident je ne persévérerais pas sur le chemin de la prêtrise et que, dans l'éventualité du contraire, ma candidature serait refusée. Les choses s'étaient passées le 11 novembre. Puisque nos professeurs nous imposaient quatre heures de cours un jour férié, toute la classe avait décidé de les récupérer en prolongeant le congé de l'après-midi bien au-delà de l'heure du couvre-feu. Bien entendu, nous n'avons été que six sur trente à tenir cette résolution. Nous nous sommes offert le restaurant, puis le cinéma. On donnait ce soir-là *Les centurions*, un film sur la guerre d'Algérie, avec Alain Delon et Anthony Quinn. Notre acte de défiance, qui venait s'ajouter au « mauvais esprit » que nous étions accusés de distiller depuis la rentrée, nous valut d'être renvoyés dans nos foyers pendant une semaine. Au bout de trois jours, nos parents furent informés par lettre que notre révocation était définitive. Le supérieur de la maison, un brave homme qui avait agi sous influence, s'était cependant préoccupé de trouver à chacun une place dans un autre établissement. C'est ainsi que je fus accueilli en classe de philosophie au lycée Fabert et applaudi par mes nouveaux condisciples pour mon courageux geste de rébellion.

Pendant des mois, mon cher père, tu n'as pas décoléré. Jusqu'à Noël, tu ne m'as pas adressé la parole. C'était moins à moi que tu en voulais qu'à ces prêtres incompétents que tu es allé traiter, je ne l'ai su que plus tard, d'« avorteurs de vocations ». Quand j'ai eu mon bac en poche, je t'ai dit que j'entrais au Grand Séminaire, sans prendre la peine de t'expliquer que cet épisode tragicomique de ma vie n'avait fait que renforcer ma décision. Car si je voulais être prêtre, c'était désormais pour démontrer qu'on pouvait l'être autrement que ces hommes moisis d'un autre âge. Mais, rassure-toi, elles sont bien loin, ces rodomontades d'adolescent, et le ressentiment qui les activait m'a quitté depuis longtemps. Avec le temps, j'ai retrouvé ma sympathie perdue pour mes vieux maîtres. Elle ne cesse même d'augmenter à la mesure de l'agacement que j'éprouve au contact de certains petits prêtres d'aujourd'hui qui ont l'apostolat arrogant et l'allure efféminée. Je me dis, à leur décharge, que s'ils avaient eu la chance de servir la messe quand ils étaient enfants, ils ne seraient pas tentés de restaurer aujourd'hui les dentelles liturgiques et le frou-frou ecclésiastique.

En t'écrivant, je feuillette mentalement notre album de famille. J'ai gardé une mémoire très précise de cette photo prise à Port-Vendres sur le bateau à bord duquel maman et toi aviez embarqué pour votre voyage de noces en Algérie. On te voit adossé au bastingage, tu as fière allure dans ton pantalon à pinces, la posture un rien macho, à côté de cette timide jeune fille au nez retroussé et au regard admiratif, portant une petite robe légère à manches bouffantes qui accentue encore sa jeunesse. Tu ressemblais déjà à Michel Piccoli avec ton front haut, tes cheveux noirs et cet accent de gravité sur le visage.

Au lendemain de la guerre, ton plus jeune frère avait épousé une pied-noir de la région de Sidi-Bel-Abbès. De retour du front, tu l'avais rejoint là-bas pour travailler à la ferme familiale. Ce fut pour toi une sorte d'année sabbatique après les tourments de la guerre. Quelques années plus tard, tu fis découvrir l'Algérie à celle qui allait devenir ma mère. Elle n'avait guère plus de vingt ans et n'avait jamais quitté sa Lorraine natale. Les photos de cette lune de miel coloniale se mélangent à celles de l'été 54 que nous avons passé de l'autre côté de la Méditerranée. J'avais quatre ans, ma sœur Cathy deux. Je n'ai guère de souvenirs, même si mon imaginaire a toujours été peuplé d'images d'Algérie. Au point qu'en retournant à Alger et à Oran trente ans plus tard, j'ai éprouvé l'étrange sensation d'y avoir vécu.

Une photo de toi n'a jamais figuré dans l'album de famille, celle où tu poses en uniforme, casquette et bottes de sous-officier de la *Wehrmacht*. Je l'ai découverte un jour dans une boîte où étaient rangées quelques lettres que tu avais envoyées du front russe à ta mère. Je me souviens de les avoir lues furtivement, ému par leur tendresse enfantine, des lettres courtes qui se voulaient rassurantes, qui parlaient de neige, de printemps, d'un prochain retour. Dans l'une d'elles, un perce-neige que tu avais cueilli le matin même au bord d'un chemin. Je m'en veux de n'avoir jamais pris la peine de t'interroger, avec la rigueur de l'historien, sur le sort des *malgré-nous* que tu as partagé avec tant de Lorrains et d'Alsaciens de ta génération. Né en juin 1918 dans la Lorraine annexée par les Prussiens, il t'avait fallu attendre six mois pour devenir français « par réintégration », comme on disait. En 1940, alors que tu étais engagé au 151e régiment d'artillerie de Verdun, tu as été fait prisonnier par les Allemands, quelque part dans les Ardennes. Quand tu as été libéré, ce fut pour retrouver une Lorraine annexée comme elle l'était au jour de ta naissance. En 1943, ton jeune frère réussit à rejoindre l'Armée d'Afrique. Par mesure de représailles, peu de temps après, tu es enrôlé de force dans l'armée allemande et envoyé à l'Est. Fait prisonnier par les Russes à la fin des hostilités, tu es livré aux Américains avant de pouvoir regagner ta Moselle natale, redevenue française. J'ai bien de la peine à reconstituer ce que furent les années que tu as passées sous l'uniforme allemand. Non que tu n'aies rien dit, mais ta manière d'égrener tes souvenirs dans le désordre et ta propension à l'affabulation épique m'ont toujours empêché d'y mettre de l'ordre, si tant est que j'aie jamais cherché à le faire. Il était rare qu'aux repas de fête nos convives n'aient pas droit à l'un ou l'autre épisode de ta guerre. La même histoire se situait selon les cas en Silésie ou dans les pays Baltes dont les noms continuent d'exercer sur moi une mystérieuse fascination : Lituanie, Lettonie, Estonie. Je ne suis pas sûr qu'à l'époque j'aurais été capable de les situer sur une carte. Je m'étonne aujourd'hui de mon peu de curiosité pour cette page exceptionnelle de ton histoire que je n'ai jamais cherché à relier à la grande et tragique histoire du XXe siècle. Comme s'il m'avait suffi de t'entendre parler du froid qui avait gelé tes pieds, des chevaux éventrés qui jonchaient le sol enneigé, de ces misérables paysans qui vous offraient l'hospitalité, de ta tentative de mutilation pour échapper à cette sale guerre, du petit Leo Jansen qui avait tout juste seize ans et que tu avais pris sous ta protection… J'ai laissé tous ces souvenirs s'estomper dans les brumes d'une légende incertaine. Et tu n'as rien fait pour qu'il en soit autrement. Tu revendiquais ton statut de *malgré-nous*, mais tu te tenais à distance des associations d'Anciens, et jusqu'au bout tu as montré beaucoup de mauvaise volonté à entreprendre les démarches nécessaires pour faire valoir tes droits à un légitime dédommagement.

En définitive, c'est ton ami Leo Jansen qui est venu apposer le sceau de la réalité à ton témoignage si parcellaire. Je me souviens de ce jour des années soixante où s'est garée devant notre porte sa Mercedes verte. Il avait gardé en mémoire le nom de ton village d'origine et était bien décidé à te retrouver. Il fit donc le voyage, avec toute sa famille, depuis Monschau, une petite ville qui se situe non loin d'Aix-la-Chapelle. Le secrétaire de mairie lui indiqua la maison de ta mère qui vivait encore, laquelle lui communiqua notre adresse. Ainsi débuta une belle amitié entre nos deux familles par l'entremise de ces deux rescapés d'une guerre qu'ils avaient faite du même côté, sans l'avoir voulu. Par le méchant tour que t'avait joué l'histoire, tu t'étais retrouvé du côté d'un ennemi qui a fini par disparaître sous les traits fraternels de tes compagnons d'armes, d'un ennemi dont tu n'as partagé que la défaite : sans doute est-ce la raison pour laquelle je ne t'ai jamais entendu parler de ton expérience du front autrement qu'en termes d'épreuves physiques et de camaraderie. Mais que savais-tu de l'autre face de cette guerre ? Que savais-tu des massacres des populations juives, des camps d'extermination ? Aurais-tu traversé l'Europe à feu et à sang sans rien y voir, sans rien y apprendre de la barbarie qui l'avait dévastée ? Est-il donc vrai qu'on ait pu ne pas savoir, même quand on était en première ligne ?

Me voilà en train d'interroger ta conscience politique, moi qui depuis ma naissance n'ai connu que la paix et le bien-être ! N'y vois que le regret d'avoir écourté nos conversations, d'avoir manqué d'intérêt pour ton destin absurde de frontalier. Tu es mort trop tôt. Nous aurions pu encore refaire ensemble nos classes d'histoire. J'aurais peut-être même réussi à te faire dépasser tes réactions désabusées d'anarchiste de droite devant le spectacle du monde. Mais laissons cela. Ce que j'ai reçu de toi m'est suffisamment précieux. Tu m'as inoculé juste ce qu'il faut de scepticisme pour rester libre. Tu m'as appris à ne jamais envier ni jalouser les autres et à tenir pour rien la richesse. Plus j'avance en âge, plus j'ai le sentiment de te ressembler, de me moquer comme toi des conventions, des modes et des nouveautés techniques. Je m'en souviens, tu ne prêtais aucun intérêt aux voitures, tu disais : « Pourvu que ça roule ! » Et il en a fallu du temps pour te décider à faire installer le téléphone dans notre maison. Il t'amusera de savoir que je n'ai plus d'auto et que dans cette France postmoderne je suis l'un des derniers à n'avoir ni téléviseur, ni téléphone portable, ni internet.

Plus les années passent, plus je me souviens avec précision du héros que tu étais à mes yeux pendant les six premières années de ma vie, au temps où nous habitions le pays des Trois-Frontières, comme l'appellent maintenant les dépliants touristiques du Conseil général. C'est à cet endroit que la Moselle prend son plus beau virage avant de séparer les coteaux du Luxembourg de ceux de l'Allemagne. Je n'y retourne pas sans penser intensément à toi que tout le monde connaissait dans la campagne environnante. Tu étais à cette époque gérant d'une quincaillerie, un de ces magasins comme on n'en fait plus, qui ressemblait à une caverne d'Ali Baba. On y trouvait tout pour le bricolage, la construction, la cuisine, le nettoyage, le jardinage. Les clous s'y vendaient au poids. Ils étaient rangés selon leurs tailles dans les tiroirs qui occupaient tout un mur. Le sol et les comptoirs étaient en bois brut noirci par la graisse. J'avais l'autorisation, à l'heure de la fermeture, de me perdre dans les amoncellements de tous ces objets hétéroclites parmi lesquels on pouvait même trouver des nains de jardin.

Je crois pouvoir dire que tu n'y étais guère, dans ton magasin. Tu préférais t'en échapper pour aller livrer à tes clients les outils, le fil de fer, les bouteilles de gaz et les poutrelles métalliques dont on avait grand besoin en cette période de reconstruction. J'étais l'enfant le plus fier et le plus heureux quand je pouvais t'accompagner dans tes tournées à bord de cette jeep mythique que ton patron avait sans doute achetée dans un surplus américain. Les bras suspendus à la poignée intérieure, je te regardais manœuvrer, cheveux au vent, et je me souviens que, quand tu freinais, tu étendais ton bras droit vers moi pour que je ne glisse pas du siège. J'ai encore dans l'oreille le ronflement de ce moteur à essence si gourmand et les craquements de sa boîte de vitesses. Sur les itinéraires qu'il te fallait emprunter, tu avais tes habitudes. Nous nous arrêtions toujours chez Louis le forgeron qui tenait aussi le bistrot du village et avait quelques vaches. Nous rendions visite aux curés du canton. Parfois, les petits dîners improvisés chez tes copains sarrois (la Sarre voisine était à ce moment-là sous protectorat français) se prolongeaient en d'interminables conversations en allemand. Je ne comprenais pas un traître mot et je m'endormais. Quand nous rentrions, maman t'adressait les reproches d'usage, mais sans trop y croire, sans insister, parce qu'elle t'admirait jusqu'en tes débordements, parce qu'elle t'aimait dans ton rôle de père fantasque. J'imagine, à tort peut-être, que ses premières années de mariage furent exaltantes pour elle qui avait vécu une enfance sage et solitaire de fille unique, entre sa mère et sa grand-mère, dans un appartement qui sentait encore la Belle Époque. Tu l'as initiée, non sans rudesse parfois, à une vie qu'elle n'avait pas pu imaginer, laborieuse et simple, festive et généreuse. Tu l'as ensauvagée, et, si je puis dire, elle a civilisé le grognard que tu étais. Il lui a fallu supporter tes hantises et tes emportements, tes impatiences et tes excès, et toi, tu as su composer héroïquement avec la dote dont elle t'avait fait hériter : sa mère, notre grand-mère, une femme aigrie d'avoir été veuve trop jeune, jalouse du bonheur de sa fille, et qui jusqu'à sa mort n'eut pour toi que reproches et médisances, et réussit à gâcher toutes nos fêtes familiales.

Pardonne-moi de te rappeler de si pénibles souvenirs. Je ne chercherai pas à les réveiller davantage. Ton couple a survécu aux assauts incessants de cette femme dont aujourd'hui encore j'ai peine à croire qu'elle ait pu donner naissance à une femme aussi douce, aussi discrète, aussi bienveillante que maman. Maman qui est toujours là, fidèlement blottie dans l'ombre de ton souvenir. Elle te raconte ce que sont devenus tes enfants, elle te confie Claire, elle sait que tu l'attends, elle prie avec toi, comme nous le faisions tous ensemble avant d'aller dormir. De t'avoir vu t'agenouiller, toi le père si grand, si fort, si redoutable, d'avoir senti ma main d'enfant dans la tienne quand tu m'emmenais à l'église, a été déterminant pour moi. C'est en ces instants que j'ai compris ce qu'être fils veut dire et qu'il n'est d'homme que fils ; c'est de cette fierté de me tenir à tes côtés comme un grand et de dire avec toi « Notre Père » qu'est né mon désir de devenir prêtre.

Adieu, Patriarche ! Rendez-vous au dimanche qui n'aura pas de fin pour le banquet promis. J'espère que tu auras la patience de te laisser servir.

Au curé de mon enfance

Les traits de votre visage se sont effacés de ma mémoire. Je ne suis même plus très sûr de votre nom. Quel âge aviez-vous en ce temps-là ? Je revois vos cheveux blancs, plaqués en arrière. À vrai dire, le souvenir le plus précis que j'ai de vous, c'est celui de votre dentier. En rentrant chez vous, vous deviez l'enlever comme on enlève des chaussures qui n'ont pas encore eu le temps de se faire. Des dents d'une parfaite blancheur, surmontées d'une fausse gencive toute rose, plongées dans un verre d'eau qui trônait sur votre bureau avec la solennité d'un vase. J'étais fasciné par cette mâchoire inanimée dont je me demandais comment elle pouvait tenir dans une bouche normalement constituée.

Ce qui m'avait valu d'entrer ainsi dans votre intimité, ce sont les cours de latin que vous vous étiez proposé de me donner pour déflorer, avant mon entrée en sixième, la déclinaison de *rosa* et me permettre ainsi de prendre un peu d'avance. L'instituteur lui aussi avait voulu me donner de l'avance : non seulement il m'avait fait sauter le CM1, mais chaque soir après l'étude, il m'initiait à la grammaire allemande. Les cours chez Monsieur le Curé — puisque c'est ainsi qu'on vous appelait — avaient lieu le samedi après-midi. Votre bureau était situé au premier étage, côté jardin. On y accédait par un couloir sombre au bas duquel votre sœur, une vieille dame à chignon, légèrement voûtée, me priait à chaque fois de m'essuyer les pieds. C'est elle qui venait m'ouvrir quand je sonnais au presbytère. Je sentais qu'elle avait de la considération pour le petit garçon que j'étais et qui voulait devenir prêtre. Il y avait dans ses propos de la complicité qui me consolait de la tristesse de ce long couloir du rez-de-chaussée qu'il fallait traverser avant d'accéder à l'étage. Votre sœur, dont j'ignore si elle était veuve ou célibataire, était la gardienne de cet étrange sanctuaire. Malgré l'angoisse qui me saisissait quand elle m'ouvrait la porte, j'étais fier du privilège qui m'était accordé d'avoir mes entrées dans ce monde de silence et de mystère auquel j'étais promis.

Il avait été décidé que j'entrerais en sixième au Petit Séminaire. L'affaire avait dû être conclue entre mon père et vous, sans que j'aie eu mon mot à dire tant la chose paraissait évidente. Je crois bien n'en avoir jamais parlé à mes camarades. Ils ignoraient de même que j'allais prendre des cours de latin au presbytère. J'étais timide, j'avais horreur de me distinguer. Il me suffisait d'avoir à assumer mon rôle de premier de classe que, fort heureusement, je partageais à égalité avec mon camarade Jean-Marc qui lui aussi avait été dispensé de CM1.

Deux ans auparavant, maman s'était mis en tête de nous faire faire du piano, à ma sœur et à moi, au motif qu'il aurait été idiot de ne pas profiter de l'instrument de famille qui dormait dans la chambre à coucher des parents et du voisinage d'un excellent professeur de musique en la personne de Mlle S. Elle devait être jeune à l'époque, je la voyais vieille ; elle était peut-être belle, je la trouvais vulgaire. Comment ma mère, qui jamais ne se maquillait, pouvait-elle nous confier à cette créature poudrée, peinturlurée, parfumée ? Dès la première leçon, je me mis à la détester. S'il m'arrivait de l'apercevoir dans la rue, je changeais de trottoir. Et puis — d'où tenais-je cette idée ? —, je pensais que le piano ne pouvait être qu'un sport pour les filles de riches. La honte me rongeait d'avoir à me soumettre à pareil exercice. Aucun de mes camarades ne sut jamais que je prenais des leçons de piano. Je m'y rendais clandestinement en rasant les murs, en m'assurant que personne ne puisse me voir pénétrer dans la maison de Mlle S. Assez rapidement, je refusai d'apprendre le solfège, de faire mes gammes et, ma résistance passive n'y suffisant pas, je me mis à faire des colères à répétition qui contraignirent ma mère à me retirer du cours de Mlle S.

En revanche, souvenez-vous-en, Monsieur le Curé, j'ai toujours été un enfant de chœur joyeux et zélé, même quand il s'agissait de servir la messe de sept heures du matin, avant d'aller à l'école. Et c'était un métier en ce temps-là. Il fallait connaître par cœur et en latin les prières au bas de l'autel, savoir déplacer le missel, présenter les burettes et manier les clochettes au bon moment. Je peux dire que dans la corporation des servants de messe j'ai fait une carrière fulgurante. Je n'avais pas dix ans que j'avais déjà atteint le grade suprême de cérémoniaire, grâce à ma compétence très tôt acquise, grâce à vous surtout qui vouliez me voir m'approcher au plus près de l'autel, au plus près du prêtre que je serais un jour. Il faut que je vous l'avoue cependant, je ne me souviens pas d'avoir éprouvé quelque émotion mystique que ce soit lors de ces liturgies dominicales dans lesquelles j'évoluais en aube blanche, signe distinctif du cérémoniaire, parmi les soutanelles rouges de mes petits camarades. Sur cette scène sacrée que constituait le chœur de l'église, je faisais simplement mon métier d'acteur avec sérieux et application. Vous m'aviez appris à tenir ma tête droite, à marcher d'un pas lent, sans brusquerie, à m'agenouiller quand il le fallait. J'étais fier d'accompagner vos pas dans les processions, mais je détestais l'admiration que je suscitais chez toutes ces mamans qui auraient bien voulu avoir un petit garçon comme moi. Je n'ai guère changé : ma fierté supporte mal les compliments.

Vous êtes-vous jamais douté, Monsieur le Curé, qu'enfant j'avais une double vie ? Celle du bon élève craintif et discipliné, de l'enfant de chœur fidèle et irréprochable, et celle du garçon intrépide qui préférait la compagnie des cancres ? Je n'ai jamais été en ces années-là un chef de bande, mais j'exerçais une autorité morale parmi ceux que tacitement j'avais chargé de m'encanailler. D'instinct, ils me savaient de leur côté. Jamais je n'ai eu à subir de leur part les moqueries, les petites humiliations et les violences dont font souvent l'objet les premiers de classe et les petits garçons coincés. Au contraire, ils m'ont introduit dans les territoires secrets de leurs jeux interdits. Les cigarettes que je dérobais à mon père et que nous allions fumer à la sortie de l'école étaient un gage de ma loyauté. Mais ce sont surtout mes exploits en patins à roulette qui avaient forcé leur respect. Nous avions nos caches et nos repaires dans les bois du mont Saint-Quentin où nous passions nos jeudis et nos vacances en toute liberté. Nous nous livrions à une sorte de scoutisme sauvage dont nous inventions les règles au gré de notre imagination. Aux beaux jours, nos escapades nous conduisaient souvent au bord de la Moselle sur le chemin de halage. De notre observatoire, nous pouvions voir passer les péniches et de l'autre côté surprendre les filles qui derrière les buissons se laissaient lutiner par leurs amoureux. Il fallait que vous le sachiez, Monsieur le Curé !

La mort vous a privé de la joie de voir votre ancien cérémoniaire célébrer sa première messe et m'a empêché de parler avec vous d'homme à homme, de prêtre à prêtre. Au-delà de ces images jaunies du souvenir, comme l'étaient le col de votre soutane et la tranche de votre bréviaire, j'aurais tant voulu vous connaître et pénétrer un tant soit peu le secret de la vie recluse que vous sembliez mener entre le presbytère et l'église. Je crois bien que les visites aux malades et les processions au cimetière étaient vos seules sorties. Jamais je ne vous ai vu franchir le seuil de notre maison. Aviez-vous des amis, des confidents autres que votre sœur dont je n'ose penser qu'elle ait été pour vous une gouvernante castratrice et tyrannique comme en a fabriqué la légende ? L'enfant que j'étais n'a rien entrevu de l'homme que vous étiez, et c'est cet homme qu'aujourd'hui j'aimerais interroger. Quels étaient vos passions, vos rêves, vos tourments, vos regrets, vos espérances, vos inquiétudes ?

Vous avez été pour moi un modèle d'identification, vous avez consolidé mon désir d'être prêtre, et cependant j'ai tout fait pour ne jamais vous ressembler. Pour une part, je suis devenu prêtre grâce à vous, mais j'ai mis un point d'honneur à ne pas l'être comme vous l'avez été, ensoutané et empresbytéré, séparé du monde et tout entier voué au rite. Reste qu'aujourd'hui, par votre entremise, je peux me prévaloir, non sans une certaine fierté, d'avoir connu la civilisation de la paroisse, quelque chose de la vieille chrétienté. J'ai touché du doigt l'ancien monde au moment, il faut bien le dire, où il disparaissait sous la poussée du modernisme de ce qu'on appellerait plus tard les Trente Glorieuses. J'appartiens à cette génération qui a vécu le passage de la TSF à la télévision, de la lessiveuse au lave-linge, de Pie XII à Jean XXIII, de Coty à de Gaulle, de Tino Rossi à Johnny Hallyday, de la traction avant à la DS. Je suis un de ces enfants du baby-boom qui allaient mettre sens dessus dessous les traditions et les valeurs que vous leur aviez léguées. Aviez-vous pressenti ce changement d'époque, l'espériez-vous ? Après tout, ce sont les hommes de votre génération qui avaient préparé les grandes réformes qu'allait connaître l'Église et qui nous ont permis de ne pas la déserter. Ce que je ne saurai jamais, c'est si vous étiez de leur côté. Mais qu'importe. Je vous revois emmitouflé dans votre cape noire, assis sur un vieux fauteuil de velours rouge dans le chœur de l'église. Votre silhouette appartient au temps de mon enfance, heureuse et insouciante. J'aurais mauvaise grâce à vous reprocher d'avoir été un prêtre à l'ancienne. Je devrais plutôt vous remercier de m'avoir épargné les traumatismes, les peurs et les dégoûts que la religion continue d'inspirer à tant de gens de ma génération. Je n'ai aucun souvenir de quelque humiliation que vous m'auriez fait subir au confessionnal ou ailleurs. Je n'ai même aucun souvenir du tout de ce que vous pouviez nous raconter au catéchisme. Je n'ai souvenir que de la bonté et de la paix qui émanaient de vous. Vous n'étiez pas un prêtre moderne comme se vantent d'en connaître les prétendus chrétiens éclairés, mais je vous dois de n'avoir jamais macéré dans le ressentiment. *Deo gratias*. Je voulais vous rendre cette justice. Et je m'incline respectueusement devant vous comme j'avais appris à le faire quand je vous assistais à l'autel.

Au fils que je n'aurai jamais

Toi, le fils que je n'aurai jamais, je t'ai inventé sans y prendre garde un jour récent où je fredonnais la chanson de Maxime Le Forestier qui m'avait souvent dépanné dans les banquets, quand l'amuseur de service, repris immédiatement par les convives, vous réclame une chanson :

Toi, le frère que je n'ai jamais eu,
sais-tu, si tu avais vécu,
ce que nous aurions fait ensemble ?
[…]
Toi, le frère que je n'aurai jamais,
je suis moins seul de t'avoir fait…

Imperceptiblement, le frère de la chanson est devenu le fils. Le fils que je n'aurai jamais sous les traits du frère que je n'ai jamais eu, moi l'unique garçon d'une famille de cinq enfants, et de surcroît l'aîné. Le fils sans fils, le mâle « béni entre toutes les femmes », comme je l'ai entendu seriner durant toute ma jeunesse.

D'être ainsi unique et sans descendance m'a très tôt installé dans une certaine autarcie que je n'ai cessé de cultiver, m'exerçant à ne jamais donner prise à l'autorité et à la possessivité de quiconque par toutes les tactiques imparables que m'ont apprises mes longues années d'internat : la fuite, la simulation, l'indifférence, la fausse soumission, la clandestinité. Mais c'est davantage en m'inventant des mondes intérieurs et des compagnons imaginaires, en me réfugiant dans la rêverie et la lecture, que j'ai sauvegardé mon indépendance de Verseau. Malgré quelques belles tentatives, j'ai toujours préféré aux cris de la révolte et aux agitations de la contestation, la résistance intérieure et le pas de côté.

Si tu existais, peut-être me reprocherais-tu de ne pas avoir été un combattant et, qui plus est, de t'avoir engendré dans un monde sans héros, pour une vie sans destin. À moins que je ne te scandalise en te disant, à toi mon enfant virtuel, que pas un instant je n'ai rêvé de t'arracher aux limbes de mon imagination. Car jamais, je crois, je n'ai éprouvé le besoin de m'assurer une descendance, quoi que m'aient dit à ce sujet mes maîtres d'autrefois qui considéraient que n'avoir pas d'enfant était pour un prêtre une épreuve plus grande que la solitude affective à laquelle le voue son célibat. Et d'en conclure que les exemples ne manquaient pas d'ecclésiastiques qui avaient cherché à compenser leur stérilité biologique en laissant derrière eux, qui un livre, qui une fondation, qui une église. L'idée ne m'est jamais venue de me prolonger dans la pierre ou dans une œuvre à mon nom. Et s'il m'arrive d'écrire un livre, c'est moins pour laisser une trace que pour disparaître et me dissoudre dans la langue, ce qui paradoxalement me semble être la seule façon de me rassembler et de m'appartenir.

Toi, le fils que je n'aurai jamais, je t'invente aujourd'hui, complice sans visage, interlocuteur fugace, non par regret ou par nostalgie, mais par pur désœuvrement. Au terme de cette lettre, tu n'auras été que l'enfant de mes facéties, en rien l'enfant d'un désir inexaucé ou d'un vieux fantasme refoulé. Tu devrais m'en remercier, car personne n'est plus à plaindre que ces enfants sommés dès avant leur naissance de répondre au « désir d'enfant » de leurs parents, enfants du désir condamnés à vivre sans désir. Mais je t'entends ricaner, fils impertinent, et me retourner le compliment : « Si tu n'es pas devenu mon père, n'est-ce pas parce que tes parents te voulaient prêtre, tout à eux, selon leur vœu, sans femme ni enfants ? » L'objection est vieille comme Freud, et peut-être même comme le concile de Trente qui inventa les pépinières de prêtres — objection pas si fausse après tout, mais pas si simple non plus. Une chose est sûre en ce qui me concerne : c'est tout petit que j'ai manifesté le désir d'être prêtre, en un temps où le métier avait encore du lustre et où les mères ne sombraient pas dans la dépression quand un fils leur annonçait son entrée au Séminaire. C'était plutôt l'inverse : les mères, disait-on, avaient plus la vocation que leurs chérubins. Pour ma part, je n'ai jamais eu à me défendre de ce soupçon : ma vocation me venait de mon père dont la piété n'avait d'égale que la virilité. Il faut dire aussi qu'en ce temps-là on ne s'attardait ni en inquiétude ni en discernement. Le désir de la prêtrise avait tôt fait de se transformer en un projet de vie intériorisé par l'intéressé, annoncé par l'entourage à la famille, officialisé par l'entrée en sixième chez les bons Pères. D'emblée, ils vous programmaient pour un célibat imprenable qui, outre l'apprentissage du latin, supposait celui de la solitude, de la prière et de ce que les Anciens appelaient la vie intérieure.

Une telle formation n'était pas censée vous priver, quand l'heure serait venue, d'émois amoureux ni vous épargner les tourments de la chair. Mais, je dois le dire, mon éducation me fit échapper aux ravages du sentimentalisme autant qu'aux déflagrations de la passion.

Tu vas finir par croire que je t'ai tiré du néant uniquement pour avoir quelqu'un devant qui justifier l'éducation répressive que j'ai reçue, au seul motif que, somme toute, je m'en suis tiré sans trop de dommages. Tu me soupçonnes d'hypocrisie, je le sens. De loin, je t'entends déjà me dire : « Tu joues les affranchis, mais tu restes captif de la morale judéo-chrétienne, elle te colle aux pieds et à l'âme… Si tu m'avais fait, tu me l'aurais inoculée. » En es-tu sûr ? Peut-être aurais-je, comme tant de parents de ma génération, renoncé à te transmettre les bonnes vieilles valeurs catholiques par crainte, précisément, de t'inoculer cette satanée culpabilité qui empoisonne l'Occident depuis deux mille ans. Résultat, tu appartiendrais aujourd'hui à cette jeunesse paradoxale qui réclame des repères à condition de ne pas avoir à les suivre, qui acclame le pape pour mieux lui désobéir. Pourrais-je t'en vouloir de préférer à l'indifférence des adultes infantiles qui t'entourent une belle et franche autorité devant laquelle tu puisses mettre en scène tes transgressions ? La liberté perd le goût du jeu quand elle n'a plus d'interdits à déjouer. Elle finit même par déprimer. C'est pourquoi, à tout prendre, je ne regrette rien du temps de ma jeunesse où il fallait conquérir sa liberté à coups de ruses, comme je l'ai dit, à coups de colères aussi et de pensées subversives. Et si j'étais aujourd'hui ton père, je craindrais moins d'avoir à brimer ta liberté que de te voir t'abîmer dans les tristes ivresses de l'ennui contemporain. Je risquerais alors de faire ce qu'il ne faut jamais faire avec des jeunes : je te secouerais, je t'exhorterais, j'en appellerais à ton courage, à ta volonté, à ta détermination. Finalement, je serais un père aussi caricatural que les autres, toujours en train de souffler le chaud et le froid, d'hésiter entre la fierté et la déception, entre le harcèlement et la démission.

Mais laissons cela. Il m'est trop difficile de me projeter dans un rôle aussi improbable après tant d'années. J'ai eu le temps de m'en rendre compte : parce qu'ils n'ont jamais eu d'enfants à élever, les prêtres vieillissent prématurément ou restent de grands adolescents irresponsables, ce qui d'ailleurs revient au même. Ils appartiennent à la catégorie de ces oncles excentriques que les familles ne sortent qu'aux grandes occasions, que les enfants adorent ou détestent, selon les cas. Il est d'autant plus curieux qu'ils aiment à se faire donner du « Mon Père » long comme le bras, eux qui se prétendent disciples de celui qui leur a dit : « Ne vous faites pas appeler Père. Vous n'avez qu'un seul Père qui est aux cieux. » Mais on leur a tellement appris à ne pas lire l'Évangile au pied de la lettre ! Je me souviens de cet évêque (il avait largement l'âge d'être arrière-grand-père) qui au hasard d'une rencontre me fit part de l'exaspération que lui inspiraient les discours sur la paternité spirituelle qu'il lui arrivait d'entendre dans la bouche de jeunes prêtres à peine sortis des langes de leur ordination. Il y flairait par avance l'abus de pouvoir et la volonté d'emprise sur les consciences et les cœurs. Or, disait-il, les vrais maîtres spirituels, ceux qui font œuvre d'engendrement, se reconnaissent au fait qu'ils s'effacent. À commencer par Jésus lui-même.

Mon sens hypertrophié du ridicule m'a définitivement interdit de jouer les pères spirituels, quand bien même les appellerait-on « accompagnateurs spirituels » pour faire mode. Et je n'ai jamais eu à me donner beaucoup de mal pour décevoir ceux qui ont cherché à me consulter comme un oracle ou à me flatter comme un gourou. M'a été aussi épargnée cette conscience paternelle qui rend tant d'hommes de Dieu préoccupés, plaintifs et envahissants comme des mères juives. Et je ne suis pas loin de tenir pour une grâce du ciel d'avoir toujours vécu dans une sainte indifférence quant aux fruits spirituels qu'ont pu produire chez les autres mon ministère et ma vie de prêtre. Je ne dirais pas la même chose cependant des fruits amers qu'immanquablement mes maladresses, mes désinvoltures, mes incohérences ont fait mûrir dans le cœur de ceux qui s'en étaient remis à moi avec confiance.

Mes regrets ne me font pas douter pour autant de la mystérieuse fécondité de toute vie humaine. Mais il ne nous appartient pas d'en juger, encore moins d'en tirer orgueil. Les bons curés de jadis avaient, eux, le privilège de mesurer leur force d'influence, leur capacité de transmission. Ils pouvaient se consoler de rester sans descendance charnelle en recrutant parmi leurs enfants de chœur les garçons généreux qui reprendraient le flambeau sacerdotal. Les prêtres d'aujourd'hui, devant l'inexorable érosion de leur corps social, éprouvent l'étrange sentiment d'être sans héritiers, d'être les derniers d'une longue histoire. Même s'ils savent bien que cette histoire repartira autrement, qu'elle resurgira ailleurs, au gré des événements et du souffle de l'Esprit. En attendant, l'avenir de l'Église dans notre vieille Europe est aussi irreprésentable que ton visage de fils imaginaire. Je n'en continue pas moins de croire davantage aux promesses de l'Esprit qu'à la puissance de mon imagination et aux pronostics des experts. La relève chrétienne ne viendra pas de la manière dont l'institution le voudrait, mais elle viendra alors qu'on ne l'attendait plus, plus belle qu'on ne l'espérait.

Toi, tu resteras sans nom et sans visage, sans âge et sans avenir. Tout au plus pourrais-je écrire ton histoire au conditionnel à la manière d'un roman de Régis Jauffret. Il me faudrait dans ce cas te donner une mère putative que je serais bien embarrassé de choisir parmi les femmes qui ont croisé ma route et dont l'une ou l'autre a peut-être nourri en secret le rêve de te donner chair. C'est que la vie d'un prêtre est peuplée de femmes innombrables. Je ne m'en suis jamais plaint, moi qui, pour avoir grandi dans un monde de femmes, ai toujours aimé leur compagnie. Je ne m'en suis jamais méfié non plus, comme on nous le recommandait au Séminaire. Au risque de décevoir celles qui ont espéré de moi ce que je ne pouvais leur donner. Au risque aussi de prendre en aversion celles qui vous infligent le chantage de leur solitude sans le moindre respect, celles à qui la jalousie fait perdre toute dignité, celles que le dépit amoureux rend haineuses et laides. Je préfère te confier, toi le fils qu'elles ne me donneront jamais, à ces femmes qui ont frôlé mon existence de leurs ailes d'ange, sans enfreindre mon secret, sans violer mon silence, sans m'extorquer de mensonges.

Virtuellement, je t'embrasse.

À Jean Sulivan le passant

J'ai appris votre mort par une notice du *Monde*. J'habitais Paris à cette époque. Mon évêque m'avait accordé deux années sabbatiques pour achever ma thèse et poursuivre quelques études de théologie. C'était en 1980, l'année où est mort Roland Barthes, lui aussi des suites d'un accident de la circulation, comme disent les nécrologies. J'avais cessé de vous lire depuis un certain temps et je n'ai même pas cherché à vous rencontrer, comme je l'ai fait pour d'autres au cours de ce séjour parisien. Je regrette aujourd'hui que vous ne fassiez pas partie de l'inventaire des souvenirs de ces années-là que je pourrais établir à la façon de Georges Perec. Oui, je me souviens de l'invitation à déjeuner de René Girard avec lequel j'avais entretenu une longue correspondance, je me souviens d'une visite à Emmanuel Levinas et des petits fours que m'avait servis son épouse, je me souviens du séminaire du Père Bouillard rue de Grenelle, je me souviens de l'enterrement de Jean-Paul Sartre au cimetière du Montparnasse, je me souviens de Jean-Louis Barrault et de Madeleine Renaud dans leur loge du théâtre d'Orsay où m'avait conduit le Père Gillet, je me souviens des films de Fassbinder qui étaient alors à l'affiche, je me souviens du récital d'Anna Prucnal dont j'ignorais qu'un jour M. me parlerait avec autant de nostalgie, je me souviens de la soutenance de thèse en théologie du philosophe Stanislas Breton et de Michel Certeau qui siégeait à son jury…

Mon cher Jean, je vous écris aujourd'hui comme je l'avais fait, dix ans plus tôt, à la fin de l'année 1970. J'avais vingt ans. J'ai oublié ce que j'ai bien pu vous raconter ce jour-là. Mais j'ai conservé votre réponse écrite au feutre bleu sur papier à en-tête : Jean Sulivan, 10, rue du Docteur-Roux, Paris 15e, téléphone 566 87 73. Vous me remerciiez pour le poème que j'avais joint à ma lettre pour faire plus « littéraire ». Vous aviez écrit *poëme* à l'ancienne, avec un tréma sur le e. Et vous ajoutiez, sur le ton autoritaire d'un maître spirituel : « Je n'ai qu'une chose à vous dire : suivez le *mouvement le plus intérieur et le plus invo-*

lontaire qui est en vous. Il n'est pas important que vous deveniez prêtre professionnel ou non : mais il est capital que vous existiez hors de la peur et des préjugés. Vous devez attendre *un long temps* (les choses étant encore ce qu'elles sont) avant de pouvoir choisir la vérité. »

Je n'ai pas suivi votre conseil, puisqu'à tout juste vingt-quatre ans je suis devenu prêtre professionnel, comme vous disiez. Je ne l'ai jamais regretté. J'ai poussé ma charrue sans être tenté de regarder en arrière. Votre petite musique a toujours accompagné mes pas et mes pensées. Grâce à vous, je n'ai pas passé ma vie à me demander si j'avais choisi en vérité, mais à chaque instant j'ai choisi de vivre sans me laisser réciter par l'idéologie, emprisonner par la clientèle, enrôler par le système, anesthésier par la piété, stériliser par la fonction. Grâce à vous ne se sont pas éteints en moi la voix du poème et le désir de l'infini, le bonheur du rebelle et l'insolence de l'enfant.

Comme vous voyez, je résiste au tutoiement, très usité dans le milieu ecclésiastique. Je n'ai jamais beaucoup aimé ces familiarités de corporation. Et puis, je ne peux m'empêcher de penser que vous étiez né la même année que mon père.

N'empêche, bien des choses nous rapprochent. Je ne suis pas comme vous « un fils de tué », mais il s'en est fallu de peu, à une guerre de distance. La paroisse lorraine de mon enfance devait encore ressembler à celle de Montauban-de-Bretagne. Comme vous, j'ai connu le Petit Séminaire, qui fut un purgatoire, disiez-vous. Mais je suis fier d'avoir été un rebelle plus précoce que vous, puisque de ce Petit Séminaire je fus renvoyé pour mauvais esprit. Je pourrais évidemment contresigner les pages que vous avez écrites sur ces institutions de dressage ecclésiastique d'un autre âge, au détail près que c'est au Petit Séminaire qu'un de mes professeurs, le Père Victor, m'a fait connaître un nouvel auteur du nom de Jean Sulivan dont on disait qu'il était prêtre et qu'il venait de publier un roman intitulé *Mais il y a la mer* !

Comment aurais-je imaginé à cette époque qu'il reviendrait à Victor de m'initier au métier, qu'un jour je serais son vicaire, comme on disait alors. J'ai vécu près de dix ans à ses côtés. Il m'a fallu du temps pour le tutoyer, comme il me l'avait proposé dès le premier jour. C'était un 15 août. Je n'étais pas prêtre encore, tout juste stagiaire dirons-nous, mais nous étions convenus que je prêcherais à toutes les messes de l'Assomption, histoire de me mettre le pied à l'étrier. Ce qui fut fait sous le regard éberlué de familles endimanchées, qui n'en revenaient pas que d'aussi belles paroles puissent sortir de la bouche de ce petit clerc rougissant. Victor m'a aimé comme un fils. Il a été pour moi, tout au long de ces années, un père admiratif et libéral. Il encourageait mes initiatives, soutenait mes audaces et prenait sur lui les remontrances que lui attiraient mes bravades. Il « couvrait » et assurait ma toute jeune liberté.

Mais à y repenser aujourd'hui, je m'aperçois que très rapidement les rôles se sont inversés. Sans m'en rendre compte, j'allais devenir son recours dans la grande détresse qui était en train de le submerger à l'insu de tous. Je n'étais qu'un gamin, et il me fallut recueillir les larmes d'un enfant perdu qui me confiait ses angoisses et ses tourments. Je ne me sens pas la force d'aller plus loin dans l'évocation de la douleur qui a rongé l'âme de Victor comme le cancer qui, quelques années plus tard, allait lui ronger les viscères.

Si je vous parle de lui, Jean, c'est parce qu'il aura été le premier à me parler de vous et de Juan Ramon Rimaz, l'étrange cardinal de *Mais il y a la mer*. Mais plus encore parce qu'il y a quelque chose qui m'empêche de lui parler comme je vous parle. Ce quelque chose, je le sais bien, c'est la honte d'avoir été incapable d'obéir à l'injonction que vous vous adressiez à vous-même dans l'émouvant récit de la mort de votre mère : « Devance tout adieu, comme si cet adieu était derrière toi. » Victor avait été relégué au fond d'une campagne lorraine pour se retrouver quelques mois plus tard à l'hôpital : cancer du pancréas, opération, chimiothérapie, prolifération, stade terminal, le cycle fatal au cours duquel j'ai espacé mes visites. Et quand vint celle dont je sus immédiatement qu'elle serait la dernière, je suis resté sans mots et sans gestes, incapable de tous les mercis qui se bousculaient dans mon cœur et des prières que j'aurais voulu déposer sur ses lèvres. J'étais trop occupé par la révolte qui grondait en moi contre les menées injustes de la mort. Je ne pouvais supporter qu'un homme qui s'était tant battu fût abattu aussi cruellement par son vieil adversaire. La rage m'a rendu impuissant au moment où il m'aurait fallu faire repasser devant ses yeux le souvenir de nos flâneries dans Paris, lui murmurer l'air de la cantate de Bach BWV 82 « *Ich habe genug* », mêler à ses derniers souffles les mots du psaume 30 qu'on récite à complies : « En toi, Seigneur, j'ai mon refuge ; garde-moi d'être humilié pour toujours... Tu sais ma détresse... Devant moi, tu as ouvert un passage. »

Ce soir-là, je suis sorti de l'hôpital en courant. Dehors, la neige commençait à tomber. En montant dans ma voiture, j'ai pleuré de honte, je me sentais coupable d'avoir abandonné un père, un frère, un ami. Jean, il faut que le ciel existe pour que me soit donné son pardon. Des années durant, de dimanche en dimanche, nous avons célébré ensemble la victoire du Ressuscité. Dans la vaste éternité où c'est tous les jours dimanche, comme vous le disiez si bien, Victor m'attend, j'en suis sûr. Voilà ce que signifie pour moi espérer : ce n'est pas attendre, c'est se savoir attendu.

Je deviens grave, je vous agace, Sulivan. Je vais vous faire rire : figurez-vous que je suis devenu Supérieur d'un Grand Séminaire et qu'il m'arrive de vous citer dans mes leçons spirituelles en dépit ou plutôt à cause de tout le mal que vous avez écrit sur ces « années de paresse et de torpeur ». Ces pages, je les avais lues et relues au moment de leur parution alors que j'étais moi-même séminariste, mais dans un Séminaire qui n'avait plus grand-chose à voir avec celui que vous aviez connu dans les années trente. Le Concile était passé par là et il n'avait pas fallu attendre Mai 68 pour qu'ait soufflé le vent de la réforme. Mais il fallut se prémunir contre une autre menace : beaucoup de nos aînés et de nos maîtres avaient troqué le vieux conformisme contre la bêtise idéologique qui fit tant de ravages en ces années-là. Et c'est ainsi que je m'appliquai à devenir l'homme du paradoxe, selon la définition que vous aviez donnée du prêtre dans *Dieu au-delà de Dieu,* ce livre paru en 1968 précisément, sous la couverture grise des *Essais* de Gallimard, et qui devint ma référence. Il m'arrive encore souvent de le citer. Je crois d'ailleurs avoir toujours été perçu comme ce « serviteur de l'inquiétude » que vous décrivez ainsi : « Inquiétant parce que l'on ne sait plus à qui l'on a affaire : l'homme d'une Église de l'*accord*, qui prend le monde tel qu'il est, et en même temps l'homme de la même Église qui par toute une partie d'elle-même ne peut être qu'en *rupture.* Homme de la *fidélité* et de l'*insurrection.* »

Le prêtre, homme du dehors et du dedans, de l'établissement et de la marge, de la proximité et de la distance, de la tradition ecclésiale et de l'insolence évangélique, de la continuité et de la rupture… Aujourd'hui je m'interroge : peut-on incarner de tels paradoxes sans prendre la pose, sans se laisser à nouveau transformer en personnage ? Nul n'échappe au jeu, et on finit toujours par être classé dans la catégorie des inclassables, par être typé comme un atypique ou définitivement disqualifié comme original. Vous n'avez eu de cesse d'arracher les masques, celui de la religion, puis celui de la littérature, en quête que vous étiez de l'impossible nudité de la parole. Mais vous le savez bien, vous, Jean Sulivan, qui dissimuliez votre regard sous d'énormes lunettes de protection, qu'on n'avance dans la vie que masqué. Le masque dont au temps de ma jeunesse j'ai dû me défaire n'était pas celui du « sorcier » ; le personnage auquel il m'a fallu renoncer n'était pas non plus celui du « notable » ; oserais-je vous l'avouer, c'était vous. Quand on a vingt-cinq ans, on a besoin de s'identifier à ceux qu'on admire, surtout quand on leur doit d'avoir survécu à la bêtise. Je me voyais prêtre comme vous, par avance délivré de toute contrainte institutionnelle, prêtre et écrivain, ou plus exactement prêtre-écrivain, car j'avais beaucoup écrit pendant mes années d'études pour échapper à l'ennui, pour vous ressembler. Et d'ailleurs, les personnages de mes récits vous ressemblaient, mes petits romans étaient une mise en abyme des vôtres. Je voyais déjà mon nom en capitales d'imprimerie sur la couverture blanche de Gallimard.

C'était l'époque où sous l'influence de J.-L. je me suis mis à lire les « hussards », Nimier, Blondin et les autres, trop heureux de m'encanailler au contact de leur talentueuse désinvolture, tant m'exaspérait l'esprit de sérieux des rudes apôtres qui m'entouraient. J.-L. est mort récemment de ses excès de gauloises, d'alcool et de littérature. Il faisait partie de la compagnie secrète des *Bartleby* inventée par Villa-Matas, ces écrivains qui se refusent à publier. Pendant plus de quarante ans, il a tenu son journal, laissant à ses héritiers une armoire pleine de cahiers d'écolier couverts de sa fine écriture. Il y avait chez lui, sous ses allures de chanoine bedonnant, du Saint-Simon, du Voltaire et de l'abbé Mugnier.

Du temps de notre jeunesse, J.-L. m'imposait la lecture de ses cahiers et me poussait à écrire, avec une insistance qui m'est rapidement devenue insupportable. Un jour, je me suis violemment arraché à son emprise. Et du même mouvement, j'ai renoncé au mimétisme que j'entretenais à votre endroit, Sulivan. Une sorte de dégoût commençait à m'envahir, et j'ai fini par brûler tout ce que j'avais écrit et le journal que je tenais depuis mes quinze ans. Je ne voulais plus de cette mauvaise littérature par laquelle je me tenais en réserve, par laquelle je me condamnais moi-même à une double vie : l'insurrection des mots dans le secret de ma chambre et, au-dehors, la soumission aux conventions ecclésiastiques. Je m'apercevais que j'étais en train de pétrifier le paradoxe que je voulais incarner, de chercher à récupérer du côté de la littérature ce à quoi j'entendais renoncer. Mais j'avais pris conscience d'une autre chose encore, à la faveur de mes petits exercices d'écriture : les vocations de prêtre et de romancier sont incompatibles, non pas socialement parlant, mais dans leurs démarches respectives. Et c'est vous, Jean Sulivan, qui m'en donniez la preuve, au travers de vos romans et de vos nouvelles. Car au fond, malgré tous vos efforts, vous n'êtes jamais devenu un véritable romancier. Tout rebelles qu'ils soient, vos héros ont quelque chose de stéréotypé, et leur consistance se dissout dans la leçon qu'ils donnent par leur exemple. Jusqu'au bout, Sulivan, vous êtes resté un prédicateur. Ne le prenez pas en mauvaise part. Après tout, l'Évangile est prédication, et tant pis pour les esthètes auxquels vous avez faussé compagnie.

Si l'on prend acte de l'évolution de votre œuvre, il apparaît assez clairement que vous étiez trop à l'étroit dans la langue classique de l'essai : elle vous a permis cependant de développer une apologétique paradoxale du christianisme qui a moins vieilli qu'on ne pourrait le croire. Mais de même, vous étiez trop pressé, trop à vif pour vous soumettre aux lenteurs de la narration, pour vous laisser entraîner par des personnages imprévisibles. Le roman, ce miroir qu'on promène le long du chemin, vous l'avez brisé en mille éclats qui parviennent jusqu'à nous, sous forme de citations. On ne peut pas lire un de vos livres, y compris vos romans les plus élaborés, sans souligner à chaque page une phrase qu'on voudrait retenir. Ce qui de votre œuvre résiste, circule et s'échange, ce sont moins les histoires que les inépuisables fragments et esquisses, aphorismes et paradoxes qui, vous l'aurez noté, font aujourd'hui l'objet de plusieurs anthologies.

Je vous l'ai dit, Sulivan, un jour il m'a fallu prendre mes distances, m'éloigner un peu, vous oublier même. Je ne faisais que suivre vos conseils : « Le livre devenu chair et sang, regard, oubliez-le. Pas de citations. Quel plaisir d'être libre de ses admirations. Payez-vous ce plaisir-là : c'est le plus grand hommage que vous puissiez rendre à un écrivain. » Je vous ai oublié, mais vous ne m'avez jamais quitté. Vos leçons aussi admirables qu'irritantes sur ce que vous appeliez « une certaine logique du langage chrétien » continuent de m'imprégner. Vous disiez qu'il fallait préférer le bafouillage d'un homme habité par la Parole que les phrases mitées et convenues de la rhétorique, les discours didactiques et autoritaires de ceux qui cisèlent leur doctrine comme on fourbit une arme. Vous n'y croirez pas, mais c'est vous qui m'avez appris à prêcher et peut-être même à enseigner la théologie.

Depuis lors, je suis devenu un petit « auteur chrétien » comme vous auriez dit, un scribe qui ne se prend pas pour un écrivain, mais chez lequel des amis lecteurs ont reconnu, ici ou là, la petite musique sulivanienne. J'en suis fier, vous ne m'en voudrez pas, car se trouve ainsi attestée cette certitude que nous avons en commun : que « toute vérité qui ne chante pas est une vérité trahie ». Au diable la communication dont on nous rebat les oreilles, vive le *poème*, « c'est-à-dire la vibration du message qui suppose la liberté inventive », l'expression d'un style, et le *style* n'est rien de moins que l'adéquation du fond et de la forme, ce qu'en vieux langage chrétien on nomme *sainteté*. En prenant le chemin de l'écriture, Jean, vous vous êtes engagé dans l'aventure de la sainteté. Vous n'avez pas été un prêtre-devenu-écrivain comme le voudrait une logique purement biographique, c'est l'écriture qui a fait de vous un prêtre le jour où vous avez éprouvé la fatigue d'être l'homme d'un système. Cette fatigue, je l'ai éprouvée moi aussi. Plus qu'à mon tour, j'ai voulu crier : je ne suis pas celui que vous croyez, je ne veux pas être complice de vos bons sentiments et de vos arrangements avec le ciel. « Un dérangeur de votre ordre, voilà ce que je suis plutôt, l'homme de la Parole, c'est-à-dire de l'insurrection contre les préjugés au nom même de la fidélité. »

Jusqu'au jour où j'ai été fatigué plus encore par l'orgueil que vous m'inculquiez. Oui, fatigué de jouer les insurgés, les chantres du pur Évangile, les donneurs de leçons, fatigué de toujours dénoncer l'hypocrisie, de traquer l'idolâtrie, de lever les illusions, de suspecter l'imposture, fatigué de passer pour quelqu'un qui a des comptes à régler et dont les appels à la joyeuse liberté du cœur ne suffisent plus à cacher cette mauvaise humeur incrustée dans son âme. Votre hypercriticisme, qui est aussi la marque d'une époque, a quelque chose d'assommant. Bien sûr, vous dites à vos lecteurs : « Gardez l'humour, je vous en conjure. Lisez à mesure ce qui est entre les lignes. Servez-vous de ce que je dis contre mes préjugés. Piquez ici, là, ce qui est pour vous. On ne mange pas les trous du pain. » Mais ce genre de parade n'est pas aussi convaincant que vous pourriez le croire. Je vous le dis en pensant aux nouvelles générations, celles que vous n'avez pas connues, celles qui ne vous lisent pas et qui, quand elles vous lisent, ne vous comprennent pas. Qu'ont-elles à faire de l'éloge des marges créatrices que votre œuvre a inspiré à tant de vos amis ? Il y a longtemps que l'Église n'a plus de marges. C'est elle qui est à la marge de la société. Vous aviez beau jeu de camper dans les marges d'une institution qui continuait de vous porter, de vous fournir des lecteurs ! Aujourd'hui, c'est elle qui a besoin d'être portée si elle ne veut pas disparaître. Vous rêviez d'une Église souterraine qui tournerait délibérément le dos au grand nombre. C'est fait, le grand nombre l'a bel et bien désertée. Souterraine, elle l'est devenue, même s'il reste encore quelques figurants pour occuper de loin en loin la scène médiatique, faire des déclarations et attiser des polémiques qui n'intéressent personne. Quoi d'étonnant s'il est des jeunes chrétiens aujourd'hui pour réclamer ce que vous récusiez : de la visibilité, de l'identité, de la surface sociale, des heures d'audience, des tribunes et des prélats médiatiques ? Vous prophétisiez : « Le temps est venu que l'on dit : "Il y a trop de prêtres." » Mais demain, y aura-t-il encore des chrétiens ? Vous, vous veniez du ghetto paroissial et vous vouliez aller au monde. Les petits chrétiens d'aujourd'hui, eux, viennent du monde, un monde postchrétien sans mémoire ; ils n'ont rien à déconstruire, à désacraliser, à séculariser. C'est tout l'inverse, ils voudraient reconstruire, réévangéliser, resacraliser. Leur naïveté est désarmante, et j'aurais une plus grande sympathie pour elle si je ne la savais pas récupérée par cette bourgeoisie catholique revancharde qui ne s'est jamais remise du gros rhume qu'elle a pris dans les courants d'air des Trente Glorieuses.

Avouez qu'il y aurait quelque inconséquence à lancer votre fameux « Lâchez prise, absentez-vous » à ceux qui ont fait naufrage dans le grand vide contemporain et cherchent à s'accrocher à une présence. Et quel sens y aurait-il à prêcher aujourd'hui l'exil intérieur à des hommes et des femmes qui sont installés dans l'exil généralisé d'un monde sans racine, sans mémoire ? Ne croyez pas que je veuille m'adapter à une nouvelle clientèle, faire évoluer le produit, comme disent les gens du business. Je reste inflexible dans ma volonté de ne pas avoir à choisir entre la propagande sectaire et le christianisme décaféiné soluble dans la petite morale des bons sentiments démocratiques, entre les règles de la grammaire et la liberté du style, entre l'Église et l'Évangile. Comment renoncerais-je au « bonheur de l'incessante marche » sur cette « ligne de crête » où l'on sent passer « l'air frais des hauteurs chrétiennes » ? Vous entendez, ce sont vos mots, vos expressions, vos métaphores, elles ne me reviennent pas comme des citations que j'aurais un jour apprises par cœur, elles m'habitent au plus secret, elles sont devenues ma propre chair.

J'ai parfois eu la tentation de penser que c'était un peu trop facile de se retirer en terre d'écriture, comme vous l'avez fait, et de laisser aux autres les problèmes d'intendance. Votre aristocratisme des marges m'énervait. Je vous ai même soupçonné de mépris dans cette manière que vous avez de dire : n'allez pas croire que j'ai du mépris pour ceux qui portent le poids du jour, et de laisser entendre qu'il y aura toujours assez de gens médiocres pour faire tourner la machine rituelle. Mais je ne vais pas vous faire le coup de Marthe et Marie. Chacun sa route, chacun son chemin, comme dit la chanson. Vous avez été au bout de votre rébellion, dans une traversée en solitaire qui a ouvert des chemins de liberté et de désertion intérieure à ceux qui comme moi sont restés soumis aux lois de l'institution. Jean, je le sais, vous ne vous êtes pas esquivé et vos paroles entêtantes sont là pour nous empêcher d'esquiver les seules questions qui vaillent, les questions éternelles dont vous nous avez appris qu'elles se jouent « au niveau de la terre, dans l'expérience humaine, dans la chair, dans le souffle ».

Reste qu'aujourd'hui je ne peux vous lire qu'à petites doses, à cause de l'effet de ressassement que produisent vos textes et de votre acharnement à vouloir vous arracher à l'ordre mondain, aux idéologies, au pouvoir, aux apparences. J'ai souvent l'impression que chez vous la volonté obsessionnelle d'être un homme libre prend le pas sur la liberté elle-même. Maintenant que j'ai pris de l'âge, je peux me permettre de vous le dire sans ménagement : Sulivan, encore un effort, libérez-vous du souci d'être libre. Comme dit mon ami Crépu, « Dieu est avec celui qui ne s'en fait pas ». La grande affaire pour vous, c'était l'intériorité. Si vous étiez encore de ce monde, je suis sûr que vous feriez un usage plus circonspect de ce mot qui a été détourné par les spécialistes du développement personnel, les nouveaux techniciens de l'âme, les directeurs spirituels de la postmodernité, ces *coachs* qui sont les champions de l'« être soi-même ». Ils seraient bien capables d'inverser et de pervertir votre propos. Vous disiez si souvent : « Trouver Dieu, c'est se trouver soi-même. » Eux sont prêts à dire : « Se trouver soi-même, c'est trouver Dieu. » Oui, un Dieu qui revient au même, un Dieu tout poisseux, à l'aune de mes états d'âme et de mon épanouissement. Un Dieu assigné à résidence dans le cloître de mon petit moi. Et s'il ne s'agissait pas de se trouver, mais comme dit Jésus, comme l'a fait Jésus, de se perdre ? J'en suis sûr, vous seriez d'accord avec moi. Et si vous étiez encore parmi nous, vous ne manqueriez pas de blasphémer ce culte triomphal du moi, cette parodie mystique, cet humanisme New Age qui n'est que la forme distinguée du nihilisme ambiant.

Encore une chose, Sulivan. Pardonnez-moi d'avoir pu vous laisser penser que j'étais préoccupé de l'usage qu'on pourrait faire de vous « dans les circonstances actuelles », comme on dit dans les traités internationaux et les encycliques. Tu dois souvent en avoir assez de ces gens qui te collent et te retiennent par la manche, toi, le passant, qui as devancé tous les adieux, toi qui tirais si volontiers ta révérence. Et voilà que je me mets à te tutoyer, Sulivan, précisément au moment où je voudrais te dire que ce qui me rend si proche de toi, c'est ton mystère, c'est Sulivan au-delà de Sulivan, Sulivan au bord de l'abîme vers lequel il m'a conduit, « ce *lieu* qui n'est pas un lieu, disais-tu, qui m'est aussi étranger et inconnu qu'à vous sans doute, mais sans lui nous ne saurions vivre, nous autres, n'est-ce pas ? ». Tes amis t'ont trop souvent réquisitionné et donc enfermé dans leurs combats contre le système, contre l'institution, dans des combats politiques en somme. L'heure est venue de te traiter à hauteur mystique, de céder au désir que tu réveilles en nous de nous lancer dans l'« incessante marche ». À bientôt, Sul, de l'autre côté des apparences.

À Gérard, « notre envoyé spécial »

Va savoir pourquoi ton souvenir hante mes rêves ! Après tout, nous ne nous sommes connus que tardivement et fréquentés que peu de temps. Nous n'étions même pas faits pour nous rencontrer. Certes, ton métier te faisait t'approcher des gens les plus divers et souvent aux antipodes de tes goûts et de tes convictions. Mais pouvais-tu imaginer qu'un homme d'Église s'introduirait dans le cercle de tes amis, avec cette conséquence inattendue qu'un jour on te prendrait pour le prêtre et moi pour le journaliste, sans doute à cause de ta barbe grisonnante qui commençait à te faire ressembler à Philippe Noiret dans un rôle de missionnaire ? J'ai sous les yeux une photographie prise le jour du mariage de B. Tu es assis entre Édith, ton épouse, et D., une amie allemande de Claire que j'ai eu le bonheur de revoir il y a peu de temps. Je retrouve sur cette photo ton élégance décontractée, veste verte, chemise noire et pochette assortie, ton visage basané, ton sourire moqueur et cette façon de te tenir légèrement en retrait, toujours prêt à faire un pas de côté ou à prendre tes interlocuteurs à contre-pied.

Bien avant de te connaître, je lisais tes articles. J'y trouvais tout ce que j'attendais d'un journaliste : une plume alerte, de l'entêtement dans l'investigation, de l'émotion dans le reportage, de la colère devant l'injustice, de l'ironie face à la vacuité sociale et juste ce qu'il faut de scepticisme pour n'être jamais dupe ni des discours officiels ni de ses propres interprétations. Je t'ai suivi longtemps sans que tu le saches, au Proche-Orient, à la frontière irakienne, au Kurdistan, en Croatie, en Afrique, partout où la guerre te donnait rendez-vous. Je lisais avec délectation les comptes rendus au second degré que tu rapportais de tes immersions audacieuses au pays des sectes, ton été chez les raéliens, ta rencontre avec le fameux messie cosmoplanétaire, ton enquête sur l'Ordre du temple solaire. J'appréciais tes critiques de films, effrontément subjectives. Tu étais un habitué du festival de Cannes qui te permettait chaque année d'aller te réfugier dans la maison de tes parents qui s'étaient installés dans l'arrière-pays.

Un jour, j'ai pris l'initiative de t'inviter à une table ronde sur la guerre du Liban d'où tu revenais. J'ai saisi l'occasion pour te parler d'un projet de voyage d'étude en Équateur que j'étais en train de préparer avec un groupe d'amis et d'étudiants. Le lundi suivant, tu m'as rappelé pour me dire : « Si vous en êtes d'accord, je vous accompagne. Et je vous promets une série d'articles au retour. » Le marché était conclu, et l'été suivant, c'était en 1987, nous embarquions pour l'Amérique latine. L'aventure t'a amusé. Nous t'avons fait vivre le plus long reportage de ta carrière, sans que tu aies eu à le préparer. Tu t'es soumis avec une gentillesse de tous les instants à la loi d'un groupe que tu ne connaissais pas et à un programme pour lequel tu n'avais pas eu ton mot à dire. Nous t'avons fait séjourner dans des communautés de base de la Sierra et rencontrer Mgr Proaño, l'évêque des Indiens, comme on l'appelait. Tu as accepté de te laisser surprendre par une réalité religieuse pour laquelle tu n'avais pas de sympathie particulière.

Pardonne-moi si j'en ai trop dit dans l'hommage que je t'ai rendu le jour de ton enterrement. J'avais tenu à proclamer les Béatitudes de Jésus dans la version de l'Évangile de saint Matthieu.

Dans l'homélie qui a suivi, je me suis adressé à l'impressionnante assemblée de tes amis, connus et anonymes. « J'aimerais tant, ai-je dit, que vous perceviez combien la vie de Gérard fut en consonance avec ces paroles. Comment mêler le mot de bonheur à nos larmes, me direz-vous ? Mais aussi bien, avouez-le, comment l'éviter à propos de Gérard qui fut, ô combien, doué pour le bonheur ? Et si je me permets de penser que son bonheur avait saveur d'Évangile, c'est parce qu'il ne fut jamais le produit de la suffisance, mais tout à l'inverse celui de la recherche, de la curiosité, de la passion pour l'humanité, de l'admiration pour les êtres les plus humbles. Son regard acéré de journaliste prenait sa source dans ce que l'Évangile appelle un cœur pur et qui ne peut jamais s'accommoder des mondanités, des hypocrisies politiques, que toutes les formes d'intransigeance de sectarisme et de tyrannie insupportent. »

Tu n'étais pas de ceux qui se laissent récupérer, et je sais que tu ne m'en auras pas voulu pour ces phrases ronflantes, mais justes au demeurant. Et puis, que veux-tu, je n'avais pas prévu qu'il me reviendrait un jour de présider tes obsèques. C'est Édith qui me l'a demandé le matin même où elle venait d'apprendre ta mort dans une horrible collision sur une route de Libye. Tu rentrais d'un reportage dans le désert de Fezzan. Puis il y eut ces longues journées d'attente avant que les autorités libyennes acceptent que ta dépouille soit rapatriée en France, des journées de novembre passées dans le brouillard et l'hébètement. Le jour de ton enterrement, je me suis avancé devant ton cercueil, sans savoir si je serais capable d'une seule parole tant j'avais la gorge nouée. Discrètement, Édith a serré mes mains de toutes ses forces. En me communiquant son courage, elle m'a empêché d'offrir à la foule massée dans le grand vaisseau de l'église Sainte-Thérèse le spectacle impudique de mes larmes, et j'ai lu sans faillir le papier que j'avais rédigé avec la même application que tu mettais à ciseler tes éditoriaux. J'avais glissé en finale une allusion à notre voyage en Équateur : « Je me souviens d'une nuit que nous avions passée dans un de ces petits bus de tous les dangers qui dévalent chaque jour la cordillère des Andes en direction de l'Amazonie. Alors que nous refaisions le monde, entre deux silences, Gérard m'a dit : "Je ne sais pas trop qui *il* est. En tout cas, je lui parle souvent. Nos dialogues t'étonneraient." Il parlait de l'innommable que nous nommons Dieu. Car il était un homme trop libre pour ne pas oser tutoyer l'infini. Voici qu'il s'en est allé pour un reportage qui n'aura pas de fin à la rencontre du mystérieux interlocuteur qui habite nos silences de croyants et d'incroyants. Pour ce dernier voyage, Gérard nous entraîne dans son sillage vers des terres inconnues, enfouies au plus secret de notre être et au plus intime des relations qui nous unissent. »

Qu'aurais-tu à me dire après de tels propos ? Comme j'aimerais entendre à nouveau ta voix, ton grand rire d'enfant, et reprendre, comme si de rien n'était, nos conversations toujours trouées de points de suspension et ponctuées de pirouettes verbales. C'est que nous n'avions pas fini de nous apprivoiser l'un l'autre, et nous n'avons cessé de contenir nos ironies respectives dans un infini respect mutuel. Après ce voyage, nous nous sommes rencontrés de façon irrégulière, au gré de ton improbable calendrier. Nous nous étions trouvés des amis communs au hasard de dîners qui par ta seule présence n'avaient plus rien de mondain. Tes éclats de rire qui te faisaient l'œil si malicieux m'ont toujours fait grand bien. J'en veux encore au destin d'avoir mis fin à ces instants de bonheur que tu m'offrais. Je ne revois jamais Édith et la bande de tes vieux amis, avec lesquels nous avons fondé une association qui porte ton nom, sans me laisser envahir par la nostalgie de ce temps où, faute de te voir, je pouvais au moins guetter ta signature dans le journal.

Tu t'étonneras à juste titre que tu puisses me manquer à ce point. Je cherche moi-même à me l'expliquer. J'avais, je crois, besoin de rencontrer des hommes vivants comme toi qui ne soient ni des militants, ni des prêcheurs, ni des donneurs de leçons comme le deviennent immanquablement ceux qui exercent le magistère de la parole ou de l'écriture. Tu n'étais pas de cette race. Il te fallait, comme je l'ai dit lors de tes obsèques, « aller puiser dans les fonds marins, dans la lumière métallique des grands espaces, tout comme dans la tendresse familiale et les agapes fraternelles, la pureté qu'à certains jours tu craignais de ne plus pouvoir trouver au pays des humains ». C'est l'homme libre qui chérissait la mer qui en toi m'a séduit, le nomade qui se prenait à rêver de n'être plus qu'un caillou sous le soleil du désert, l'aventurier prêt à se faire oublier sur une île déserte. Tu as réveillé en moi des rêves rimbaldiens de fuite éperdue. Tu étais de « race solaire », comme le fameux Dean qui avait entraîné Kerouac « sur la route ». Avec toi, j'entendais à nouveau l'appel du large, l'appel du neuf, je me sentais pousser des ailes. Je jalousais tes carnets de route dans lesquels tu consignais tes découvertes et croquais les portraits les plus insolites. Tu ranimais les ambitions littéraires que j'avais bridées depuis longtemps. À ton contact, je réalisais que j'étais resté un écrivain imaginaire et un nomade métaphorique, quand bien même il m'était arrivé de traverser les océans et les déserts.

J'ai suffisamment vécu pour mesurer la longue marche qu'il m'a fallu accomplir et à quelle aventure intérieure m'a entraîné ma vocation de prêtre. Mais paradoxalement subsiste en moi la curieuse sensation d'être resté sur le quai, ce quai en mouvement qu'imagine Maria João parlant de sa relation avec Amadeu de Prado dans le somptueux roman de Pascal Mercier, *Train de nuit pour Lisbonne.* Elle dit : « Il me voulait sur le quai... Et il voulait que le quai le suive quand le train se mettait en marche. Je devais, comme un ange, me tenir sur le quai en mouvement, sur la plate-forme des anges qui glisse en même temps que le train, exactement à la même vitesse. » C'est tout à fait cela, je suis resté sur la plate-forme des anges, je n'ai été qu'un errant chérubinique sans chair, un marcheur sans pieds, un exilé sans corps. Voilà pourquoi tu me manques, Gérard : parce que tu incarnais ce dont je manque, ce dont nous manquons tous, nous les clercs qui prêchons si bien le mystère de l'incarnation et de la glorification de la chair. Le corps nous fait défaut. Nous vivons le spirituel hors de la chair comme ces légumes sans saveur qu'on cultive hors sol. Nos aventures spirituelles s'achèvent toujours dans le ciel de nos idées. Nous restons sur le quai à saluer ceux qui montent dans le train d'un exil sans retour quand il faudrait tout abandonner pour les y rejoindre.

Pardonne-moi encore une fois : je me laisse aller à des pensées que tu ne peux comprendre. C'est sans importance. Accueille simplement mon merci, même si tu le juges injustifié, exagéré, emphatique. Merci pour tes leçons d'humanité, d'autant plus belles qu'elles ne s'autorisaient d'aucun catéchisme mais de ton seul amour pour la vie et de ton intérêt pour le mystère des êtres. Pour le reste, tu avais bien le droit de ne pas être un saint. *Hasta luego,* vieux frère.

À dimanche !

Quand il m'arrive de revenir dans les églises où j'ai officié des années durant, je vous revois aux places que vous aviez l'habitude d'occuper. Il y aurait plus de monde à se souvenir de vous si, comme on le faisait au Moyen Âge, vous aviez été enterrés au chevet du sanctuaire. Je pense aussi au grand nombre de ceux qui n'ont été mes paroissiens qu'au seul jour de leur enterrement, et dont aujourd'hui je regrette de n'avoir pas tenu le nécrologe, maris et épouses, vieillards et enfants, clochards et notables, riches et pauvres, morts de maladie ou par accident, seuls ou accompagnés, à la fleur de l'âge ou rassasiés de jours. Le plus souvent, je n'ai même pas connu votre visage, j'ai dû me contenter de recueillir quelques fragments de vos vies auprès de vos proches, des citations qu'ils me rapportaient de vous pour que je les inscrive dans le grand livre de l'humanité. Vous m'étiez inconnus, et j'ai été initié aux secrets de vos existences et aux drames de vos familles, associé à la reconnaissance de vos amis. J'ai partagé la dette d'affection des vôtres, j'ai parfois essuyé les blasphèmes de vos parents révoltés, j'ai porté sur mon épaule le lourd silence de la douleur, je suis resté indifférent à l'indifférence de ceux qui avaient hâte de vous oublier.

Hourra les morts ! comme dirait le poète Franck Venaille. Vous m'avez appris la vie à l'âge où l'on se croit immortel, même si je vous en ai voulu d'avoir, chacun à votre tour et sans prévenir, interrompu le cours de mes travaux et de mes plaisirs. On peut tranquillement méditer sur la mort sans jamais s'extraire de la torpeur de l'Être. Les morts, eux, vous dérangent et vous convoquent pour l'heure précise du dernier adieu. Les curés sont payés pour le savoir, si vous me permettez. Mais il est moins sûr que les gens qui viennent remplir les églises aux jours d'enterrement soient disposés à se laisser déranger par le message que les prêtres ont charge de leur annoncer. En tout cas, chacun de vous pourrait en témoigner, devant vos familles et vos amis, en présence de votre dépouille, c'est avec pudeur que j'ai exprimé la foi de l'Église sur laquelle ils voulaient compter. Je leur ai toujours épargné les leçons de catéchisme, je n'ai même pas prononcé le mot de résurrection par crainte d'alimenter leurs représentations fantasmagoriques — ou d'en être moi-même soupçonné. Mais à partir de ce que je savais de vous, j'ai tenté de « redresser » votre existence à la manière de Marc Couturier qui, par son geste artistique, transfigure, dans des œuvres qu'il intitule *redressement,* des objets banals, laissés pour compte, promis à l'oubli ou à la destruction... Redresser, c'est-à-dire remettre debout, arracher à l'amoncellement, rendre dignité. Pareillement, en les adressant à ceux qui vous pleuraient, j'ai « relevé » les versets inertes de la Sainte Écriture pour qu'ils les reçoivent comme une parole d'espérance, mais aussi pour rappeler ses promesses au Père éternel qui veut qu'aucun de ses enfants ne soit perdu. J'ai usé avec autant de délicatesse que je le pouvais de l'eau baptismale, de la flamme pascale et de l'encens rituel pour que passe parmi nous la douce présence de Jésus et se pose sur les fronts serrés par la douleur sa divine compassion.

Le premier enterrement pour lequel on fit appel à moi concernait un garçon de dix-sept ans, victime d'une leucémie. Je ne me souviens que de son nom, François-Xavier, et de mon angoisse. Quelques années plus tard, son père est mort, rongé par le chagrin et l'amertume.

Mon nécrologe intime s'est provisoirement arrêté avec ton nom, Robert, toi, mon homonyme, mon condisciple. Quand nous parlions l'un de l'autre, nous disions : « l'autre Robert ». J'ai perdu mon autre. La vie, comme on dit bêtement, nous avait éloignés l'un de l'autre. Je t'ai vu partir à bout de souffrance sans avoir pu ni su me rapprocher de toi. Mais sur l'autre rive, un autre Robert, un de nos vieux amis communs, t'a déjà accueilli dans la compagnie de ces saints dont tous deux vous saviez parler avec sagesse et humour.

Le nom qui précède le tien est celui de Joseph, prêtre lui aussi, dont la maladie est venue mettre un terme à notre collaboration. Maladie : le mot est faible pour désigner cette sournoise et terrible affection qu'est la sclérose amyotrophique, communément appelée maladie de Charcot. Avant que ses muscles ne l'aient complètement abandonné et qu'il ne soit plus qu'un pantin désarticulé dans les bras de M.D. qui veilla sur lui jusqu'au bout, Joseph avait tenu à prononcer, en guise d'adieu à ses collègues enseignants et étudiants, une leçon académique qu'il avait intitulée

« Le courage de l'abandon » et qui se terminait sur le célèbre poème de Jean-Joseph Surin :

Ce m'est tout un que je vive ou je meure.
Il me suffit que l'amour me demeure.

Et je me plais encore à l'imaginer, lors de son dernier été à Saint-Lunaire, se remémorant face à la mer, au bout du cap Fréhel, les vers de Rimbaud :

Elle est retrouvée.
Quoi ? — L'Éternité.
C'est la mer allée
Avec le soleil.

Lui qui de Rimbaud avait si souvent cité cette autre parole : « Le combat spirituel est aussi brutal que la bataille d'hommes. »

Une veille de Toussaint, aux abords du cimetière, une dame, les bras encombrés de chrysanthèmes et d'outils de jardin, me reconnaît et me dit fièrement : « Je suis venue piocher mes morts. » C'est ce que je suis en train de faire en écrivant ces lignes : je pioche mes morts, j'aère la terre sous laquelle ils reposent, je refleuris le jardin de leur mémoire. Mais, je vous l'avoue bien volontiers, hormis lors des convois funéraires qu'il me faut parfois accompagner, je ne fréquente guère les cimetières. Ô mes morts, je ne vous ai que très rarement honorés de mes visites. Il m'est arrivé, Claire, de conduire maman sur la tombe où tu reposes aux côtés de notre père. Une fois, tout de même, Gérard, je suis allé écouter les trains passer en contrebas du vieux cimetière où avec Édith nous t'avons porté en terre. Que voulez-vous, le silence des cimetières m'effraie, il ne me parle que de votre disparition. Je préfère éprouver votre absence au toucher des objets qui vous étaient familiers, dans le bruissement des souvenirs, dans les paysages qui ont gardé l'empreinte de vos souvenirs. Je vous sors de vos caveaux, je vous entraîne avec moi dans les voyages que je fais désormais sans vous, je vous installe à la table de mes nouveaux amis. Mais vous avez la sagesse de ne pas vous attarder. *Noli me tangere.* Avec vous encore, j'arpente les trottoirs de la ville et les quais de la Seine. C'est au cours de ces longues marches sans but que je vous sens le plus sûrement à mes côtés, dans la compagnie des infatigables marcheurs et des flâneurs mélancoliques de la littérature, quand je me perds avec Baudelaire dans la foule d'où à tout instant peut surgir le regard d'une « fugitive beauté » ; quand j'emprunte les passages parisiens avec Walter Benjamin qu'hier encore j'ai cru reconnaître sur les quais en train de feuilleter un livre ancien à l'étal d'un bouquiniste ; quand je remonte le boulevard Saint-Michel avec Péguy, d'un pas de fantassin ; quand, tout en marchant, je m'égare dans les rêveries primesautières de Robert Walser.

Mystérieusement, les écrivains me rapprochent de vous, sans doute parce que, même quand ils sont encore en vie, ils ont déjà disparu dans leurs œuvres. Ils ne sont plus que voix en dialogue avec vos voix qui s'éloignent, et dans leurs récits peuvent se glisser nos douloureuses histoires d'amour. Mais Dieu seul pourra écrire le roman choral dans lequel j'aurais rêvé de vous faire vous rencontrer, vous tous que j'ai aimés, et de vous faire connaître les seconds rôles qui ont tenu une place primordiale dans mon histoire, les fées qui m'ont protégé, mon arrière-grand-mère Ida, inflexible et toujours drôle, les grand-mères qui n'ont cessé de prier pour moi, les vieilles demoiselles facétieuses et les petites « mères courage » qui aux heures sombres m'ont sauvé du cynisme.

La lettre que je vous envoie à tous est le linceul blanc que je dépose sur la nuit qui vous a ensevelis, tel le Nicodème de l'Évangile de Jean, avec ses bandelettes et ses aromates, qui vient de nuit offrir une sépulture à Jésus comme il était venu de nuit l'interroger.

À dimanche ! Ce jour-là, je ne vous appellerai plus mes morts.

Note

De larges extraits de la « Lettre à Jean Sulivan » ont été publiés par Yvon Tranvouez, à l'instigation de l'Association des amis de Jean Sulivan, dans *Jean Sulivan, l'écriture insurgée* (éditions Apogée, 2007).

Table

Composé par Nord Compo Multimédia
7, rue de Fives, 59650 Villeneuve-d'Ascq

Achevé d'imprimer en Italie en décembre 2008
Dépôt légal : janvier 2009 — N° d'édition : OSPI0225-01